科学的印迹·日记
家国情怀

王茜雅 彭慧元 编著

中国科学技术出版社
·北京·

图书在版编目（CIP）数据

科学的印迹 . 日记 / 王茜雅，彭慧元编著 . -- 北京：中国科学技术出版社，2022.7

（家国情怀）

ISBN 978-7-5046-9416-4

Ⅰ. ①科… Ⅱ. ①王… ②彭… Ⅲ. ①科学家—日记—中国—现代—青少年读物 Ⅳ. ① K826.1-49

中国版本图书馆 CIP 数据核字（2022）第 002414 号

策划编辑	许 慧
责任编辑	韩 颖
装帧设计	中文天地
责任校对	邓雪梅
责任印制	李晓霖

出 版	中国科学技术出版社
发 行	中国科学技术出版社有限公司发行部
地 址	北京市海淀区中关村南大街 16 号
邮 编	100081
发行电话	010-62173865
传 真	010-62173081
网 址	http://www.cspbooks.com.cn

开 本	710mm×1000mm 1/16
字 数	176 千字
印 张	10.25
版 次	2022 年 7 月第 1 版
印 次	2022 年 7 月第 1 次印刷
印 刷	北京顶佳世纪印刷有限公司
书 号	ISBN 978-7-5046-9416-4 / K·317
定 价	49.00 元

（凡购买本社图书，如有缺页、倒页、脱页者，本社发行部负责调换）

编辑委员会

主　编　郭　哲　秦德继　申金升

副主编　孟令耘　吕建华　许　慧　杨志宏

编　委　（按姓氏拼音排序）

　　　　韩　颖　黎华君　刘赫铮　吕瑞花

　　　　彭慧元　石　磊　王茜雅　叶　青

　　　　于建慧　张聪聪　甄　橙　朱文瑜

前言

2010年5月,"老科学家学术成长资料采集工程"(简称"采集工程")正式启动。这项工作致力于搜集、整理、保存、研究中国科学家的学术成长资料,以此记录和展示中国科学家个人科研生涯与中国现代科技发展历程。老科学家是中国科技事业的宝贵财富。新中国从一个贫穷落后的农业国,成长为一个日益繁荣富强的科技大国,在这一过程中,无数科技工作者献出了辛勤的工作。作为这一过程的见证者和参与者,老科学家留下了丰富的资料,包括手稿、档案、书信、照片等。这些资料记录着他们科研道路上的点点滴滴。他们的辛苦、决心、毅力,他们为国为民的气魄和勇气,是中华民族的宝贵财富。

"十四五"规划关于完善科技创新体制机制中明确"要弘扬科学精神和工匠精神,加强科普工作,营造崇尚创新的社会氛围"。科学家的日记、书信和手稿是个人的书写记录,一笔一画、一字一句、一行一页,笔落之处皆一丝不苟,记下的是科研过程、交流体会、思想历程,体现的是科学家本人一丝不苟的学风、敢于攀登的勇气、携手前进的胸怀。这些珍贵的手稿中流淌着鲜活的历史气息、洋溢着浓郁的科学芬芳、蕴含着深厚的家国情怀,见证了中国科学领域的发展,也见证了科学家认真严谨的工作精神。科学精神和科学发展轨迹,从科学家的日记、书信和手稿这些真实记录中凸显出来,尤其是那些在尚未普及个人计算机的年代留下的笔迹,更是弥足珍贵。

期望读者和我们一起通过阅读科学家的书信、日记和手稿资料,了解和走近科学大师,领略科学家昂扬的风采,宽广的胸怀。开卷让人受教良多、掩卷令人景仰有加。

目录

有机化学家——蒋锡夔 / 001

植物生态学家——李博 / 021

作物遗传育种专家——刘大钧 / 047

鱼类学、生态学家——刘建康 / 065

口腔颌面外科学专家
——王翰章 / 087

植物分类学家——王文采 / 105

水利工程专家——文伏波 / 125

生物化学家——张树政 / 143

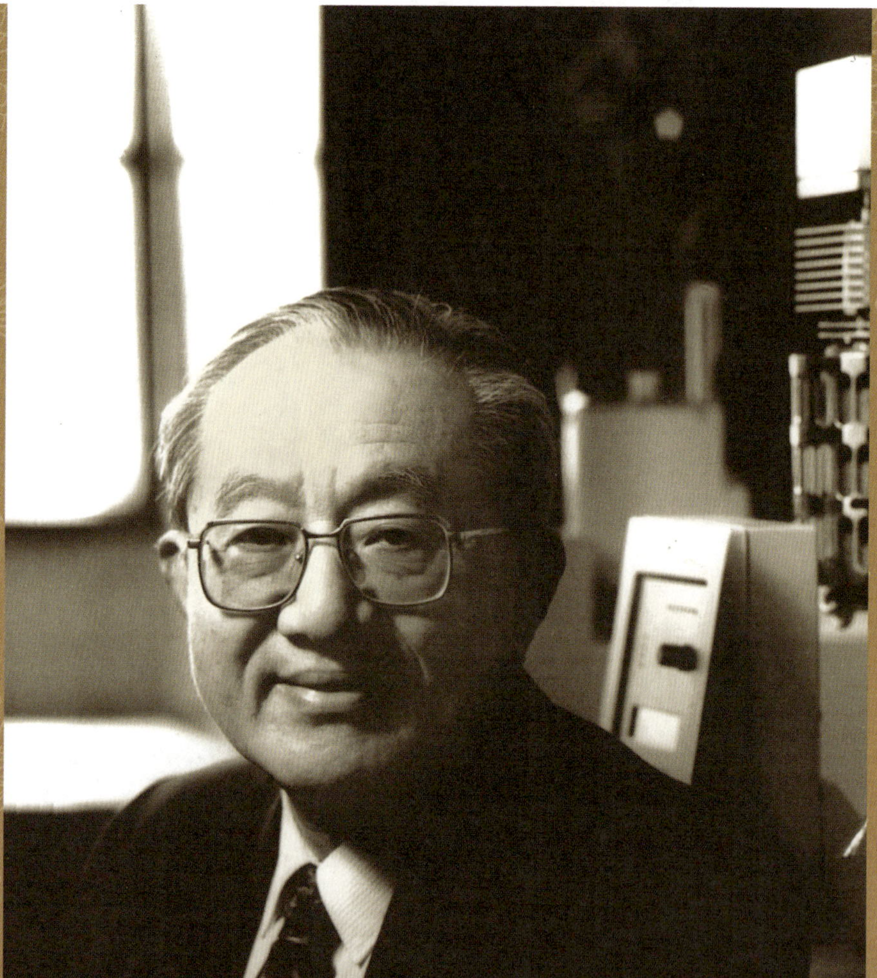

有机化学家——蒋锡夔

蒋锡夔（1926.9—2017.8），上海人，物理有机化学家和有机氟化学家，我国物理有机化学和有机氟化学的奠基人之一。1947年毕业于上海圣约翰大学，1952年获美国西雅图华盛顿大学博士学位，之后在美国凯劳格公司任研究员。1955年回国，先后在中国科学院化学研究所和上海有机化学研究所从事科研工作，1991年当选中国科学院学部委员（院士）。20世纪50年代至70年代末期，蒋锡夔主要致力于国防建设氟材料的研制工作，成功研制了一系列氟橡胶、氟塑料，为祖国的国防工业作出了重要贡献。20世纪80年代以来，他的研究工作主要集中在物理有机化学领域，尤其在疏水-亲脂作用驱动的有机分子簇集、自卷以及解簇集现象和自由基化学中的取代基自旋离域参数的建立和应用方面取得了杰出成就，先后获得中国科学院自然科学奖一等奖两项（1999年、2001年）、国家自然科学奖一等奖一项（2002年）、中国化学会物理有机化学终身成就奖（2011年）等多项奖励和荣誉。

一位一流的科学家既要有坚持真理的决心,也要有自我否定的勇气。对于科学研究中的新发现,固然需要更多的支持与旁证,更重要的是不要忘记去怀疑它,看看能否设计一些实验去考验它,甚至去推翻它。

——蒋锡夔

1. 乐学善思：年少立志强国

▷ **陈鹤琴**（1892.3—1982.12），儿童教育家、儿童心理学家，南京师范学院院长、教授。1914年毕业于清华大学，1918年获哥伦比亚大学教育学硕士学位。学成回国以后，主要从事一系列开创性的儿童教育研究与实践工作，编写了幼稚园、小学课本，撰写了儿童课外读物数十种，设计与推广了儿童玩具、教学用具等。重视科学实验，主张中国儿童教育的发展要适合国情、符合儿童的身心发展规律，呼吁建立儿童教育师资培训体系。

▷ **华童公学**创立于1904年，今上海晋元高级中学的前身，一贯坚持英式传统教学方法，其教学特点既保守又严格。

年幼时期的蒋锡夔一直受到祖母的严格教育，母亲则要求子女努力学习、自强自立，将来成为对国家和社会有用的人。1933年秋，蒋锡夔进入新闸路小学（现上海市静安区第一中心小学）读书，这是当时上海最好的小学之一，由著名儿童教育家**陈鹤琴**创办。陈鹤琴在教育儿童方面明确提出"做人，做中国人，做现代中国人"，其中的"做现代中国人"包含了五个方面的条件：第一，要有健全的身体；第二，要有建设的能力；第三，要有创造的能力；第四，要能够合作；第五，要乐于为社会服务、为人民服务。这五方面的条件充分体现了德、智、体全面发展的要求。在这样的校园文化熏陶下，蒋锡夔不仅学习成绩有很大的提高，在各方面都逐渐显露出个性，姐姐曾评价他"喜欢按照自己的意愿去做事"。

在整个小学阶段，蒋锡夔不仅对国文感兴趣，而且还特别喜欢英文。父母聘请了一位英文家教，帮助他提高英文水平。五年级下半学期，蒋锡夔跳级升入**华童公学**，学校的文科开设有国文、英文、代数、中国史和世界史等课程，理科开设有物理、化学、生理学等课程。除了国文和中国史外，其他的课程都使用中英文双语教学，这在当时上海的中学中是独一无二的。因此，华童公学的学生都能熟练地阅读英文原版书籍，华童公学的这种教学方法也为蒋锡夔日后的专业发展奠定了坚实基础。

经过三年的学习，蒋锡夔在学业上取得了很大的进步，此时的蒋锡夔开始独立思考，变得越来越自信、视野也越来越开阔，逐步形成了自己的人生观、道德观和科学思想观。带着对未来世界的无限向往和追求，蒋锡夔走进了**圣约翰大学附属中学**。

蒋锡夔自1942年元旦开始写日记。起初，他在日记中只记录一些具体的事情。父亲看后告诉他，写日记"第一在于自省一日之行为，第二才是一日之心得和事务记录。这样的日记才得其用而不虚其说"。蒋锡夔深受启发。在以后的日记中，他不仅记录某些事件，而且还写下了自己对发生这些事件的思考和反省，这对于他日后世界观的形成起到了相当大的作用。

1943年秋，蒋锡夔年满17岁，从圣约翰大学附属中学顺利毕业，进入**圣约翰大学**学习。当时，进入圣约翰大学的学生需要自己选择专业。中学阶段的化学学习让蒋锡夔体会到化学理论知识的丰富多彩，各种化学实验极具挑战性，使他对化学产生了浓厚兴趣。于是，蒋锡夔选择了化学专业，他在日记里这样写道：

> 我的能量似乎只允许我走一条路，我将走向科学研究之路，它已抓住了我的理想……于是在寒假里，相当用功地阅读化学书籍……

1944年7月21日，蒋锡夔记满了自己的第一本日记本。在换用第二本日记本时，作为开篇日记，他这样写道：

> 今日之日记有数目标：一为自省，一记已往，一记我以4月15日为起点所思得学得之思想、信仰及人生观。一则立力行之决心。
>
> 思而不学则殆，学而不思则罔，我今能学能思，故我阅读一书，无论其种类，于我气质、思想、信仰以至于人生观皆有所贡献、改变、增进。以我能如

◁ **圣约翰大学附属中学**：创办于1924年，校舍即今华东政治大学东风楼，旧称"西门堂"。华裔美籍建筑大师贝聿铭是圣约翰大学附属中学的卓越校友之一。

◁ **圣约翰大学**：创办于1879年，1881年成为中国首座全英语授课的学校。1892年起开设大学课程，1905年升格为大学，是中国第一所现代高等教会学府。1913年开始招收研究生。1952年秋被撤销，院系分别被并入华东师范大学、复旦大学、同济大学等。在73年的办学历程中，圣约翰大学享有"东方哈佛""外交人才的养成所"等盛名。

此，故我对自立之人生观有绝对之信仰，同时我之人生观亦将随学术之渐长，阅书之日博，而无时不在改变进化中。人生必有目标，吾始自问此目标何在，其答为快乐。我考之于诸哲学家宗教家，则我见其终极目标亦为快乐。儒家之终结目标为能为圣人，惟圣仰不愧天，俯不愧地，其思也乐……

……我乃建立我之人生哲学，此或助今日人类应有之人生哲学。我之所求快乐也，快乐何在？曰在真在善在美。此种精神之追求，为我进化之人类所独有，吾当以空间三轴表示之，交接点即为快乐。然快乐追求之原动力何在？曰爱，曰恶。我恶伪、我恶恶、我恶丑，我爱真、我爱善、我爱美，于是一爱一恶，一推一拉，我无时不乐矣。何以爱真？曰爱真理而研究而学习而求知而思想而写作而流传。何以爱善？曰爱己爱人爱物爱国爱亲爱友。何以爱美？曰艺术之欣赏、艺术之创造。

……然最重要者，则今日所下之决心。我以今后为快乐力行期有莫大之意义。我无苦行刻苦主义，我有快乐力行主义。故我决心循我之人生哲学，快乐力行。……

从日记中可以看到，蒋锡夔十分重视阅读与思考相结合，他在大学期间大量地阅读课外书籍，从书中汲取养分，因而年轻的蒋锡夔逐渐形成了自己的道德、理想和信念，形成了自己从事科学研究的思维和方法。蒋锡夔的阅读习惯同样值得我们学习和借鉴，他在日记中提到"故我阅读一书，无论其种类，于我气质、思想、信仰以至于人生观皆有所贡献、改变、增进"，体现出阅读对年轻人的观念塑造具有重要作用。

△ 蒋锡夔 1944 年课程表

▷ 蒋锡夔 1944 年 7 月 21 日的日记片段

有机化学家——蒋锡夔

△ 蒋锡夔 1944 年 7 月 21 日的日记片段（续）

蒋锡夔在日记中所说的"快乐",并非来自及时行乐或无原则的快乐,而是源于对真理的热爱,对家国、亲友和自己的爱护,对艺术的追求。透过蒋锡夔这篇日记,我们仿佛看到一个朝气蓬勃、神采奕奕的青年学生正昂首挺胸地迎面走来,他的眼神明亮,面带坚毅又温暖的微笑,他深知自己的内心所向,能明事理,能知善恶,能辨是非,并决心在今后的生活中努力贯彻自己的"快乐"哲学。

在圣约翰大学化学专业的学习为蒋锡夔后来从事化学理论研究工作打下了扎实的基础。临近毕业,蒋锡夔最大的愿望就是去美国深造以实现自己从事科学研究的理想。他当时最好的工作选择是留在圣约翰大学化学系担任助教,能继续学习专业知识,同时也利于他争取留学机会。而且化学系的教授都非常欣赏蒋锡夔,也希望他能留下来工作。因此,学校很快同意了蒋锡夔留校任教的申请。

蒋锡夔在圣约翰大学化学系任助教时,其工作内容主要是协助教授指导学生做实验。一般情况下,助教是不能授课的,但当时化学系的主任正在美国进修,代主任陈联盤教授非常欣赏蒋锡夔的才华,破格让他为大学三年级的学生讲授大半个学期的物理化学课程。此外,蒋锡夔还负责指导学生学习物理化学和有机化学这两门专业课程中的实验课。在这一年里,蒋锡夔阅读专业文献、认真完成授课工作,同时积极通过信件联系美国的大学准备出国留学。为了备好课,蒋锡夔在暑假期间精心准备物理化学讲义,设计物理化学和有机化学实验等。由于准备工作做得充分,蒋锡夔的讲课效果很好,他的课堂不但受学生们欢迎,还得到陈联盤教授和化学系其他教授的认可。

1948 年 5 月 19 日,蒋锡夔在日记里写下了自己对出国留学的考虑,字里行间表达出他的心中所愿,即出国留

学将重点研究化学,以便学成归国后投身我国工业建设,为祖国人民服务。

  理性是惊觉的,四方是排山倒海的波(洪)流,我已懂得我的思想体系已开始改组,我是一个不容分离的整体。在历史前进的步伐里,我是不容自己落后的。有一个问题至今未解决,出国后研究工业化学,还是纯学术化学。我懂得将来的中国是怎样的需要工业人才,然而也懂得自身气质是适合于怎样一种生活方式。无论如何,他日为祖国人民服务,是已下了决心了。

  1948年的夏秋之时,蒋锡夔先后收到了几所美国大学的录取通知书,几经思量,他最终决定前往美国华盛顿大学化学系攻读博士学位。

1948年5月19日蒋锡夔关于树立"为祖国人民服务"目标的日记片段

2. 身在异乡：汲取国外先进知识

1948年9月，蒋锡夔抵达美国西雅图。刚刚来到一座陌生的城市，蒋锡夔的心里充满了兴奋和好奇，等一切安定下来，他又不免产生了深深的思乡之情。在1948年的圣诞节和1949年的新年之际，蒋锡夔在日记中写道：

> 离家至今，差不多已四个半月了。来西雅图，居此斗室，已逾三月有半矣……至今自（自己）心灵已能在这环境里安静下来了。是心志的软弱，还是感性之深厚，浓浓的乡愁，苦苦的回忆……心神绝望地躺在沙滩里，渴望着一线阳光、一丝温暖。虽曾作一大声疾呼，再不能觉到那热热的火，常烧在心头。我没有变得老些，我知道我还是会流泪、会哭泣，只是有些软弱，孤寂中的软弱。须要着心灵之宁谧，静静沉默的信心，我知道，我已把它找回来了。

华盛顿大学化学系，一年级的研究生需要确定自己的导师。早在圣约翰大学学习期间，蒋锡夔就对物理有机化学、有机化学的理论问题等非常感兴趣。因此，进入华盛顿大学以后，他选择了攻读有机化学专业的博士学位。他在1993年撰写的《自传》中这样写道：

> 大学前三年，我大部分时间是在啃那些心理学和不太好懂的哲学。直到四年级，我在图书馆查到了鲍林的**共振论**，才开始对化学产生兴趣。所以，虽然在1947年秋天，我还为我的恩师陈联盤教授代课教物理

▷ **共振论**，是由美国化学家鲍林于1931年提出的一种分子结构理论。该理论适用于讨论一些不能用经典价键（如化学键）结构式表示的分子，如苯类的芳香烃。共振论包括离域键、键长、键能等概念。

△▷ 蒋锡夔 1948 年 12 月 25 日及 1949 年 1 月 1 日的日记片段

有机化学家——蒋锡夔

化学的热力学部分，但我去华盛顿大学时却选择了有机化学，因为我对反应机理和结构、性能关系有强烈的兴趣，这就"预定"了30年后我投身物理有机化学研究领域的命运。

当时，道本教授是华盛顿大学化学系著名的物理有机化学家。蒋锡夔主动找到道本，表示希望到他的实验室完成博士论文。面谈之后，道本很快就接受了蒋锡夔的申请，同意指导他开展研究工作。在华盛顿大学化学系学习了两个月以后，由于蒋锡夔的出色表现，道本推荐他做化学系的助教，每月可以拿到120—130美元的津贴。从第二学期开始，蒋锡夔负责协助道本指导本科生做实验。第二学年，蒋锡夔修完了《高等有机化学》，道本为研究生主讲《高等有机化学》，每周讲授3次、考试1次，在此期间，就由蒋锡夔负责批改研究生的试卷。

在美国的大学攻读博士学位一般需要5年时间，而蒋锡夔仅用4年时间就获得了博士学位。蒋锡夔的博士论文是研究特殊结构有机分子的芳香性，其研究重点集中在二环辛四烯及其衍生物的合成与性质，主要研究这些化合物是否遵循"**休克尔定律**"具有芳香性等。1952年7月，蒋锡夔获得了华盛顿大学的博士学位。

蒋锡夔一直怀着学成之后报效祖国的决心。然而，当时美国国会通过了法案，禁止在美国学习理、工、农、医专业的中国留学生回国，就连加拿大也不能去。但是，中国留学生可以留在美国工作。对此，蒋锡夔心里虽然苦恼，但经过慎重考虑，觉得如果能在美国的大公司找到一个职位，在实践中继续积累经验，可能对将来回国投身工业建设更为有利。

1952年的春末夏初，美国凯劳格公司到华盛顿大学招

▷**休克尔定律**，环状共轭多烯化合物中 π 电子数符合 $4n+2$（n 为正整数）者，且该化合物的不饱和键近似处于同一平面内，则认为该化合物具有芳香性。如苯、环戊二烯负离子等。

聘，蒋锡夔投递了简历。凯劳格公司很快就通知他到公司在纽约的办事处和研发部门面试。同年8月，蒋锡夔进入凯劳格公司。凯劳格公司是一家规模很大的跨国化工公司，公司积极鼓励研发人员开展探索性的研究工作，在研发部门，除了设有几个与生产密切相关的实验室外，还专门设立了一个开展探索性研究的实验室。当时，蒋锡夔就在这个开展探索性研究的实验室工作。在美国凯劳格公司工作期间，蒋锡夔首次以氟烯与三氧化硫反应合成 β-磺内酯，后来该方法被广泛应用于工业生产中。

对于这段异乡工作经历，蒋锡夔曾在1958年的《自传》中写道：

> 毕业前的大半年，美国政府颁布了扣留中国理工农医各科留学生归国的公文，一部分爱国心重的留学生感到不安、苦闷、忧虑、气愤。由于思国思亲，我也曾半夜枕湿……
>
> 我之所以选择了一个工业研究所而未选择继续在大学里做博士后研究，首先是因为我觉得在大学里待的时间够长了，应该出去闯一闯，开阔一下自己的眼界；第二是因为我觉得自己非常需要有一个丰富且多样化的生活，到大公司去工作，还可以多赚一些钱；第三也是最重要的一点，在我的内心深处一直想着要回到祖国，我觉得在公司上班只要一有回国的机会，我就可以马上辞职，立刻回国。

3. 归心似箭：为建设新中国贡献力量

▷ **应崇福**（1918.6—2011.6），浙江宁波人，物理学家、超声学研究奠基人、声学领域著名教育家。1940年于华中大学物理系获理学学士学位，1944年在清华大学物理系获硕士学位，1952年在美国布朗大学物理系获博士学位。1956年回国后，一直在中国科学院从事超声学研究。1993年当选中国科学院学部委员（院士）。

▷ **潘良儒**（1917.4— ），四川达州人，力学专家、等离子体物理学家。1943年于西南联合大学获机械工程学士学位，1950年于美国弗吉尼亚州立工学院应用力学系和机械系获工程科学硕士学位，1955年获美国康奈尔大学航空学院应用力学系空气动力学博士学位。中国科学院力学研究所研究员。长期从事低温等离子体和受控核聚变等离子体的理论研究。

▷ **中国科学院化学研究所**是中国科学院于1953年筹建并于1956年正式成立的唯一一个化学类综合研究所。它由原有机化学研究所的高分子化学部门、北平化学研究院的分析化学和有机化学部门、长春应用化学研究所的部分无机化学部门、北京大学的物理化学部门以及同位素化学部门等共同组建。化学研究所的第一任所长由曾昭抡兼任。

　　1955年年初，蒋锡夔向美国移民局递交回国申请，美国移民局在接到他的申请后仍然希望这位已经在凯劳格公司展露才华的年轻研究员放弃回国的念头。

　　1955年8月1日，中美两国在日内瓦举行了大使级会谈，就两国侨民问题进行具体商谈。中国方面以释放在朝鲜战场上被俘的11名美国飞行员为条件，要求美国政府方面不再阻挠钱学森等中国留美人员回国。8—9月，中美双方经过多次会谈，最终达成协议。至此，被迫滞留海外的中国留学生终于可以返回自己的祖国了。

　　1955年12月初，蒋锡夔辞去凯劳格公司的工作，登上驶往香港的远洋客轮"威尔逊总统号"，踏上了回国的旅程。在客轮上，蒋锡夔和一起回国的**应崇福**、**潘良儒**等人畅谈回国后的打算，大家心情舒畅、踌躇满志，做好准备要不遗余力地为建设新中国作出各自的贡献。

　　20世纪50年代，国内建设急需各方面人才。为此，国务院专门在北京成立留学生接待处，由人民政府统一为他们安排工作。蒋锡夔在上海家中休息了3个星期后，便前往北京留学生接待处报到，他被分配到**中国科学院化学研究所**。

　　1956年年初，蒋锡夔到化学所报到时，著名化学家**曾昭抡**亲自接见了他。蒋锡夔向曾昭抡详细汇报了自己在美国的学习和工作情况。曾昭抡也向蒋锡夔介绍了研究所的研究工作以及未来的发展方向，并详细询问了蒋锡夔对今后工作的打算。曾昭抡在与化学所的其他领导商量后，安排蒋锡夔到有机化学研究室工作。

蒋锡夔进入有机化学研究室之后，由他负责专门成立一个氟化学研究小组，主要开展有机氟化学方面的研究工作，这里便成为他以后几十年开展科学研究工作的最大舞台。蒋锡夔最初主要致力于我国国防建设材料**氟橡胶**、**氟塑料**的研制，20世纪80年代后主要集中在物理有机化学领域，工作涵盖了自由基化学、单电子转移、有机氟化学、反应机理和新型反应、微环境和溶剂效应、疏水-亲脂作用、分子聚集体化学等不同领域，尤其在疏水-亲脂作用驱动下的有机分子簇集、自卷和解簇集现象以及自由基化学中的取代基自旋离域参数的建立和应用方面取得了杰出成就。他带领的团队成功研制了一系列军工氟材料制品，为国防工业作出了重要贡献。

◁ **曾昭抡**（1899.5—1967.12），我国近代化学研究的开拓者之一。1920年毕业于清华学堂，1926年获美国麻省理工学院科学博士学位。同年回国，历任中央大学化学系教授、化学工程系主任，北京大学化学系教授兼主任，西南联合大学化学系教授等职。1948年当选中央研究院院士。1949年起，历任北京大学教务长兼化学系主任，教育部、高等教育部副部长，中华全国自然科学专门学会联合会副主席，中国科学院化学研究所所长，武汉大学化学系教授等职。

◁ **氟橡胶**指主链或侧链的碳原子上含有氟原子的合成高分子弹性体。氟原子的引入赋予橡胶优异的耐热性、抗氧化性、耐油性、耐腐蚀性和耐大气老化性，在航天、航空、汽车、石油和家用电器等领域得到了广泛应用，是国防尖端工业中无法替代的关键材料。

◁ **氟塑料**指用氟树脂制成的塑料。由于氟塑料分子结构中含有氟原子，所以具有许多优异性能，如优良的电绝缘性、高度的耐热性、突出的耐油性、耐溶剂和耐磨性、良好的耐湿性和耐低温性。氟塑料在国防、机电、冶金、石油化工等工业部门有重要作用。

有机化学家——蒋锡夔

4. "三严三敢"：重视科研思想与方法

蒋锡夔从小受到中国传统文化和西方科学文化思想的双重影响，在其随后的科研生涯中，逐渐形成了独特的科学思想和科学方法。他提出"有机整体、动态多因素分析"的科学思想，认为研究者必须运用全部已知的正确的基本概念和信息，对某一个问题或事实进行客观的综合分析，决不能主观地预先指定某一因素为"主要因素"，即要有"动态多因素的有机总体的概念"。他进一步指出，讨论或论述任何一个概念，包括"科学思想方法"的概念，首先要有明确而严格的定义，且必须建立在经科学证明的正确基本概念的基础上。

在谈到科学研究方法时，蒋锡夔提出要始终坚持"三严"和"三敢"。所谓"三严"，即严肃的工作态度、严密的思想方法、严格的工作方法；所谓"三敢"，即敢想、敢做、敢于否定自己。为此，他强调一流的科学家既要有坚持真理的决心，也要有自我否定的勇气。对于科学研究中的新发现，固然需要寻找更多的支持与旁证，但更重要的是不要忘记去怀疑它，看看能否设计一些实验去考验它甚至去推翻它。

蒋锡夔始终认为，从历史发展的观点来看，任何重大的科学技术创新和突破一定要经过几十年甚至上百年的基础理论研究，才能够产生质的飞跃。科学本身是客观的，我们不能去歪曲它，而是要让它按其道而行之。因此，国家一定要长期坚持扶植和支持这些基础理论的研究工作，特别是中长期的基础理论研究项目。同时，要建立一套公正的评审体系，真正做到支持有想法、有作为的年轻科研人员以及颇有成就的科学家,让科学家的创造力真正发挥出来。

树立一辈子追求真善美的人生观,是青年时代蒋锡夔的思想境界得到进一步升华的重要标志。他的一生,无论是在校学习阶段还是在研究所工作阶段,无论是在美国还是在中国,无论身处逆境还是顺境,都在持之以恒地追求真善美,不说假话,不做恶事。蒋锡夔一生对祖国、对科学事业无限热爱,提倡并坚持"以德为先、德才兼备"。他艰苦奋斗、自主创新、唯实求真、谦虚严谨,为中国化学事业,特别是有机氟化学和物理有机化学的开创与发展,为上海有机化学研究所的建设和发展作出了重要贡献。

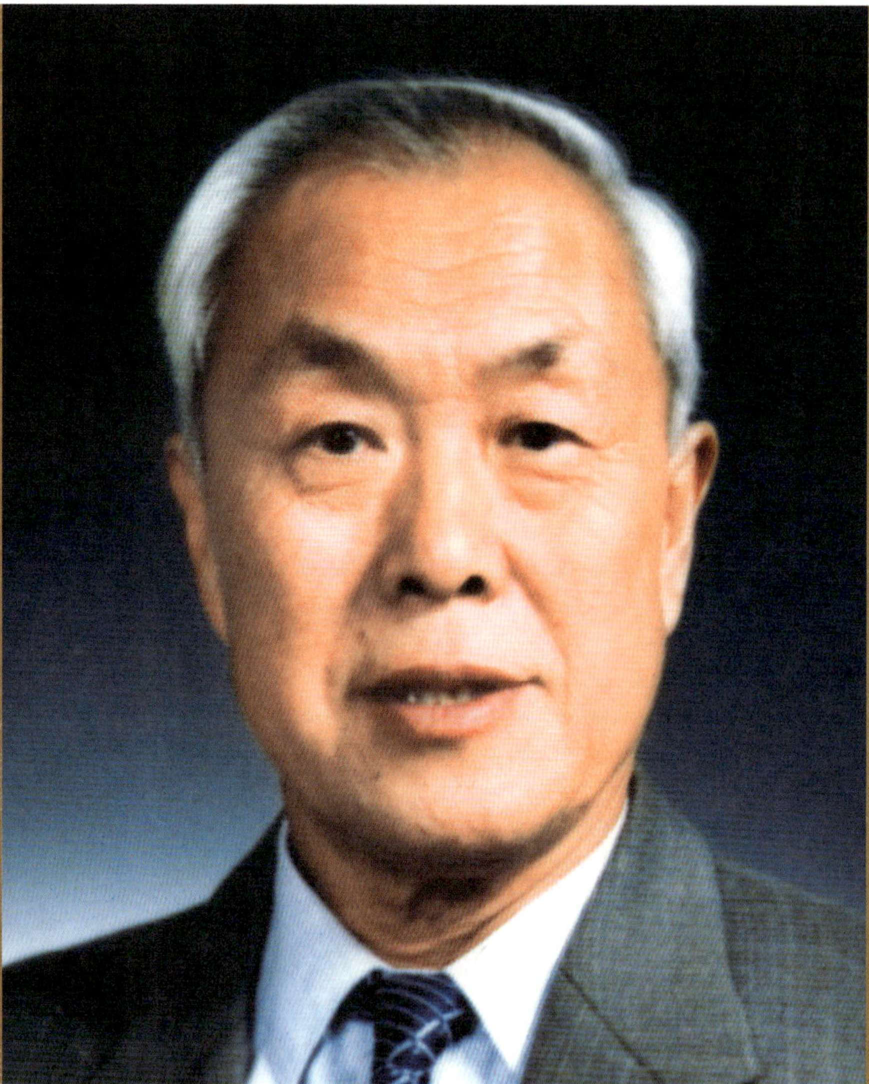

植物生态学家——李博

李博（1929.4—1998.5），山东夏津县人。植物生态学专家。1953年毕业于北京农业大学。长期从事我国植被生态学与草地资源研究，将生态学基础研究与应用研究相结合，在传统研究基础上引入现代技术。首次阐明了中国草原区与沙漠地区植被的基本类型与分布规律，率先进行大范围草原植被制图、资源评价与生态分区及草原定位的研究；首次阐明了我国草原植被类型与分布规律，利用植被指标成功评价了土地资源与环境；利用遥感与地理信息系统，建立了中国草地资源数字地图库以及北方草地估产、草畜平衡预报、草地退化等动态监测技术系统。先后担任内蒙古大学地植物学教研室主任、地植物学草原生态教研室主任、生物系主任、自然资源研究所所长，中国农业科学院草原研究所所长，农业部草地资源生态重点开放实验室主任；1993年当选中国科学院院士。

一个人没有远大的理想，没有奋斗的目标，是很危险的。时间不等人，不抓紧它，它会将你远远抛在时代的后面！不抓紧目前的时间，就得不到美好的未来。

——李博

1. 钟情草原，基于草原实际探讨学科发展

▷ **李继侗**（1897.8—1961.12），江苏兴化人，植物学、生态学家，中国植物生理学的开拓者，中国植物生态学与地植物学的奠基人之一。1923 年获美国耶鲁大学研究院林学硕士学位，1925 年获耶鲁大学博士学位。1955 年当选中国科学院学部委员（院士）。其于 1921 年发表的《青岛森林调查记》是中国最早的森林生态学文献之一；证明了"光照改变对光合作用速率的瞬间效应"，是植物生理学中关于光色瞬变研究的先驱报告。

▷ **荒漠植被**主要分为温带荒漠植被和亚热带荒漠植被两大类型。在温带以藜科、柽柳科、菊科、豆科为主，在热带和亚热带以仙人掌科、龙舌兰科、大戟科为主。为适应严酷的生态条件，有的植物叶面缩小或退化，呈鳞片状、刺状或呈无叶类型，以减少蒸发；有的具肉质茎或叶，以贮存水分；有的茎叶披茸毛，以抵抗灼热；大多数植物具发达根系，以利从深层土壤中吸收水分；也有在春或夏秋完成生长，旱季或冬季来临时以种子或根茎、块茎和鳞茎生存。

青年时代的李博就读于华北大学农学院（后合并改名为北京农业大学）农艺系，后转农学系，1953 年毕业后进入北京大学生物系植物学教研室，自此开启了他与草原的不解之缘。1955 年，作为研究助教的李博，跟随时任教研室主任的**李继侗**教授所率领的考察队赴内蒙古呼伦贝尔草原考察。这是他第一次踏上草原，也正是这次考察经历令他情系草原，随后数十年的研究工作都与草原密切相关。他的同事曾这样评价："他几乎到过内蒙古的每一个地方，走过许多没有人烟的地带，他是用双脚丈量过内蒙古土地的人。"

20 世纪 50—60 年代，李博主要致力于**荒漠植被**研究，曾先后参加由北京大学、中国科学院、国家科委等主持的水土保持、草原、土地资源、治沙等多种考察，研究我国温带草原区与沙漠地区的植被类型和分布规律，进行植被与草地资源评价，对草原植被生产力与蒸腾、降水的关系做了充分阐述。同时，基于实地考察，完成了内蒙古草原的大面积调查及植被图绘制，填补了内蒙古草原研究的空白。

1959 年 3 月，李博赴内蒙古支边，其间担任**地植物学**教研室主任。除了安排与制定考察工作、计划外，李博还不忘思考我国地植物学科发展前景等问题。在明确了地植物学研究在国家生产建设中的作用后，结合内蒙古本地的情况及特点，李博及同事们提出了既能够适应生产又能谋求新发展的地植物学发展方向。一是助力自然植被的开发利用，重点在于"摸清家底"，而非仅仅偏重纯自然现象

的描述，而且"摸清家底"的工作一定要越做越细致，这样对生产起的作用才能越来越大。例如，在牧场调查中关于饲料储量的调查以及载畜量的计算，在治沙工作中有关种源分布的调查及贮量估算，各野生资源植物的分布情况、面积和蓄积量的调查等均应做到心中有数。二是在草原改良方面应建立和扩大稳定而高产的饲料基地，诸如"如何控制草原植物群落的营养条件，如何使它们更充分地利用环境条件而得到增长"等问题都将成为地植物学的重要课题。

在明确了地植物学的学科发展方向后，李博开始着手将上述思考变为现实，即深入草原进行实地考察。故而，以草原的合理利用与改良为导向的研究构成了李博在这一时期很重要的工作之一，尤其以在内蒙古**呼伦贝尔盟莫达木吉草原改良试验站**开展的一系列考察与研究最具有代表性。

◁ **地植物学**，又称植物地理学、植物群落学。研究植物群落及其与环境间的相互关系及植物群落中植物间的相互关系，阐明植物群落的形成、种类组成、结构、生态、分类、动态演替及地理分布的基本规律，包括天然植物群落和人工栽培的植物群落。地植物学是自然地理学与植物学的交叉学科。

◁ **呼伦贝尔盟莫达木吉草原改良试验站**，前身是草原拖拉机站，建于1958年，于1959年改名为草原改良试验站，其工作中心是草原改良的科学研究。

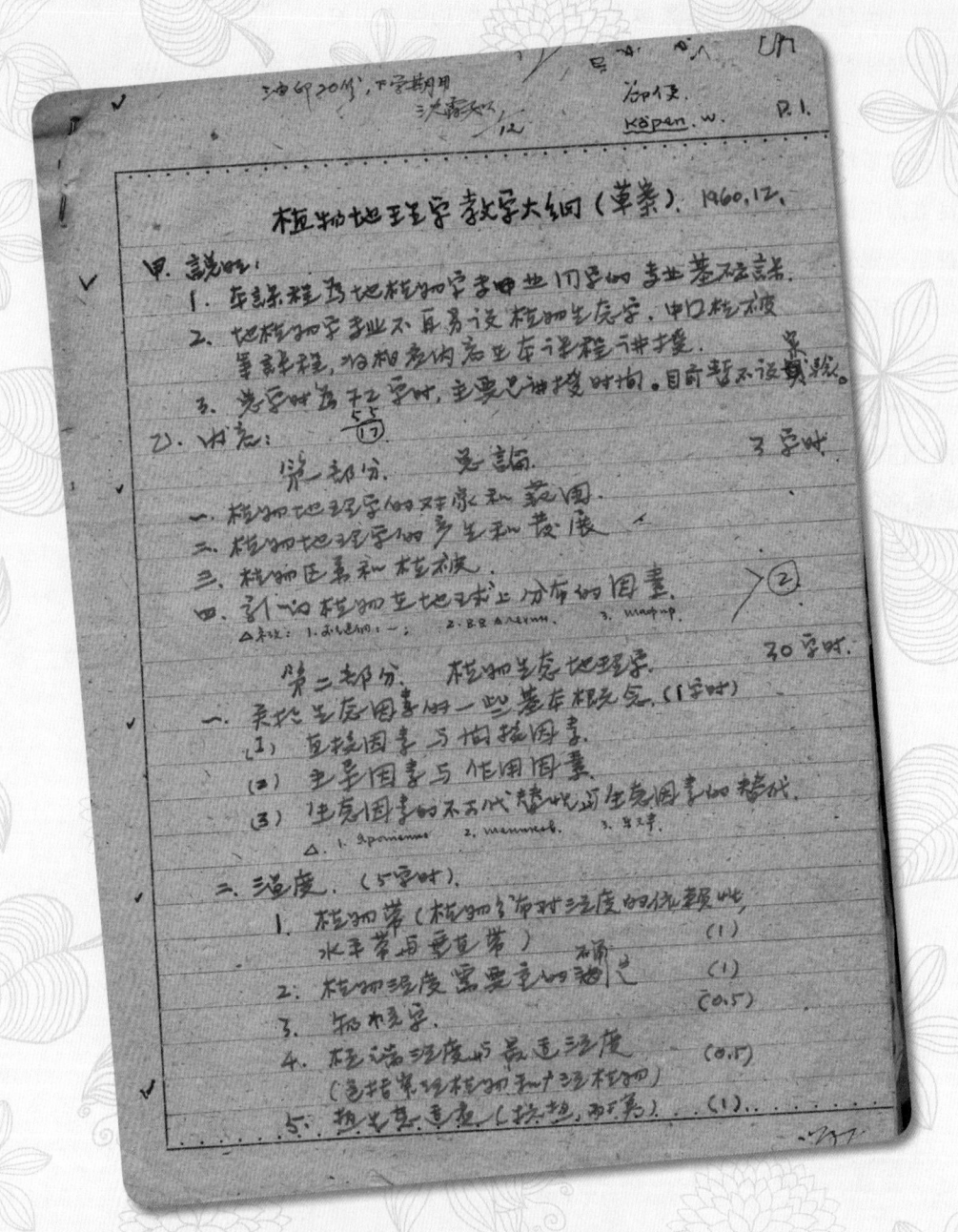

△ 1960年12月李博制定的植物地理学教学大纲（草案）片段

2. 日记里的莫达木吉实地考察

自 1961 年夏，李博和内蒙古大学地植物学专门组的学生们每年都到呼伦贝尔盟莫达木吉草原改良试验站开展教学实习和调查。李博在考察中有写日记的习惯，日记本如他的好友一般，静静地"听"他讲述当天的工作计划与行程、实地考察情况以及心中所感，他将考察获得的各类信息逐一厘清，分门别类地融入自己的研究设计蓝图中，使考察与科研有条不紊地持续推进。

在即将开展研究之前，先进行调研，摸清当地情况，从而使研究以及相应的改良建议更有针对性，这是李博一直以来坚持贯彻的习惯。在实习调查开始时，他会专门安排时间听取试验站工作人员的介绍，内容包括站上的工作和当地自然情况及饲料贮藏的研究概况。在整个调查期间，也有数次由当地领导或牧民介绍利用放牧地的经验。

1961 年 6 月 7 日是正式开始在莫达木吉实习考察的第一天。在这一天的工作日记中，李博不仅详细记录了试验站的基本情况，还把在草原考察中发现的问题一一罗列出来，将体会与思考过程进行逐一梳理并呈现在日记中。

> 1961 年 6 月 7 日下午　普站长报告
>
> 呼盟草原改良试验站原为拖拉机站，1958 年建立，59 年改名，已有三年历史。
>
> 全站人员编制 43 人，现有 64 人，行政干部 6 人，技术 7 人，技术工人 11 人。
>
> 4 个民族：汉，蒙古，达斡尔，满。
>
> 站的性质：草原试验研究的事业单位，以科研为

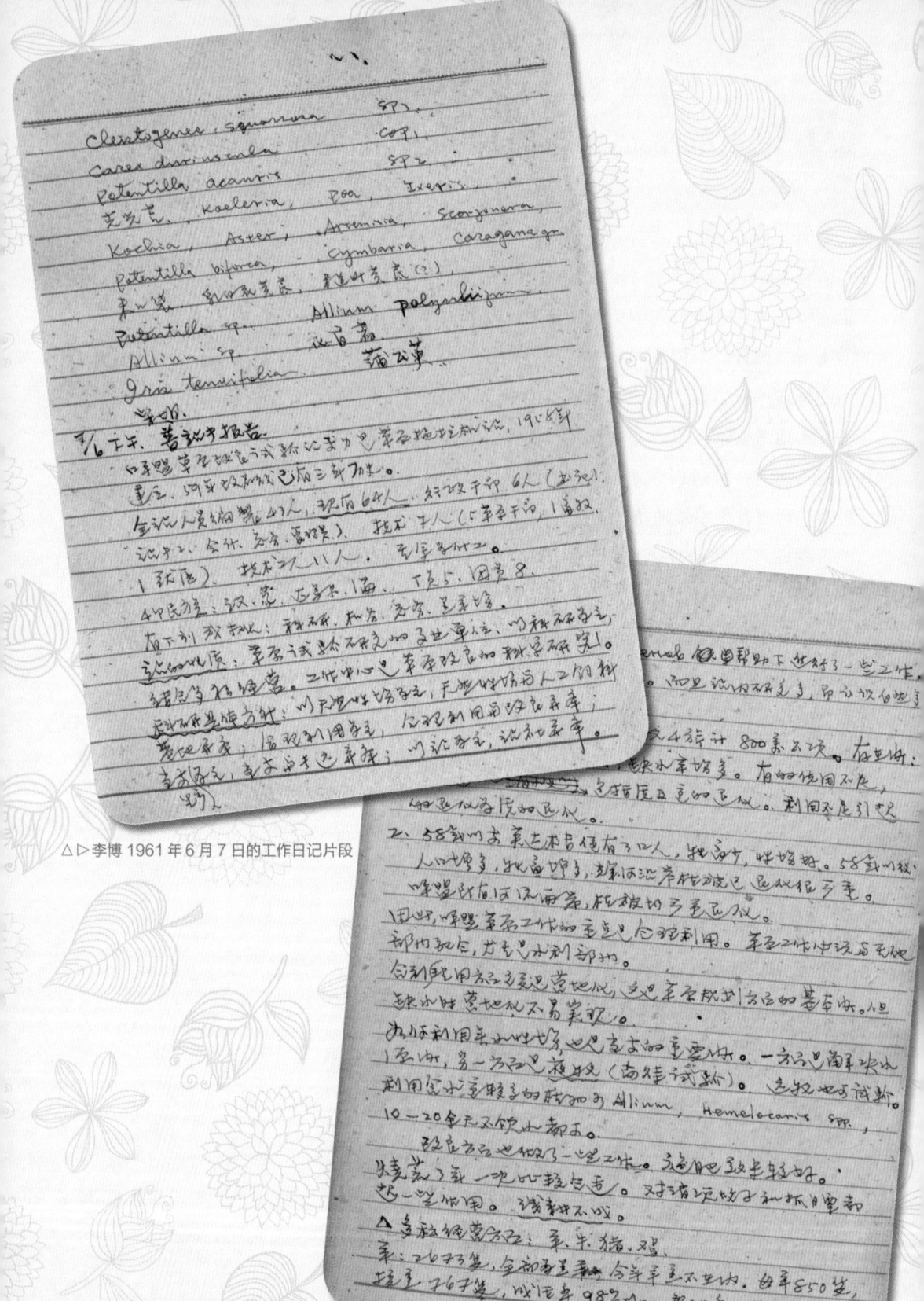

△▷ 李博 1961年6月7日的工作日记片段

主，结合多种经营，工作中心是草原改良的科学研究。

科研具体方针：以天然牧场为主，天然牧场与人工饲料基地并举；合理利用为主；合理利用与改良并举；以站为主，站社并举。

……

体会：……2. 科学研究工作必须依靠群众。过去学习专家时间多，学习牧民的时间少。3. 必须两条腿走路，土洋结合。4. 必须虚心学习，虚心研究，首先端正科研态度，越细致越好。

通过当地人的介绍以及实地调查，李博对呼伦贝尔盟的草场情况有了基本了解。结合当地的自然条件和社会经济状况，呼伦贝尔盟草原改良站在三年的时间里做了大量工作，但同时也存在一些具体的问题有待解决，李博总结其中最突出的问题有二：一是尽管此地草原很好，但水草不均，草场存在不同程度的退化现象（包括质及量的退化）；二是自1958年建站以后，由于当地人口增多（1958年前，莫达木吉仅有三人）、牲畜增多，呼伦贝尔盟既有河流两岸植被均严重退化。因此，呼伦贝尔盟草原工作的重点是合理利用草场。

李博自20世纪50年代起就开始关注草场规划的问题，在1958年李博的工作日记中做过如下记录：

1958年6月8日

看了试验地，天太旱，20厘米下始见润土，布下去的植物多未出土，只有新疆来的黑麦及部分小麦出了土。现在下点雨该多好呀！……试验站附近因靠近辉河，草场退化严重，十几里以外才有较好的植被，这是对今年研究工作颇为不利的一面。

△ 李博 1961年6月7日的工作日记片段

▷ 李博 1958年6月8日的工作日记片段

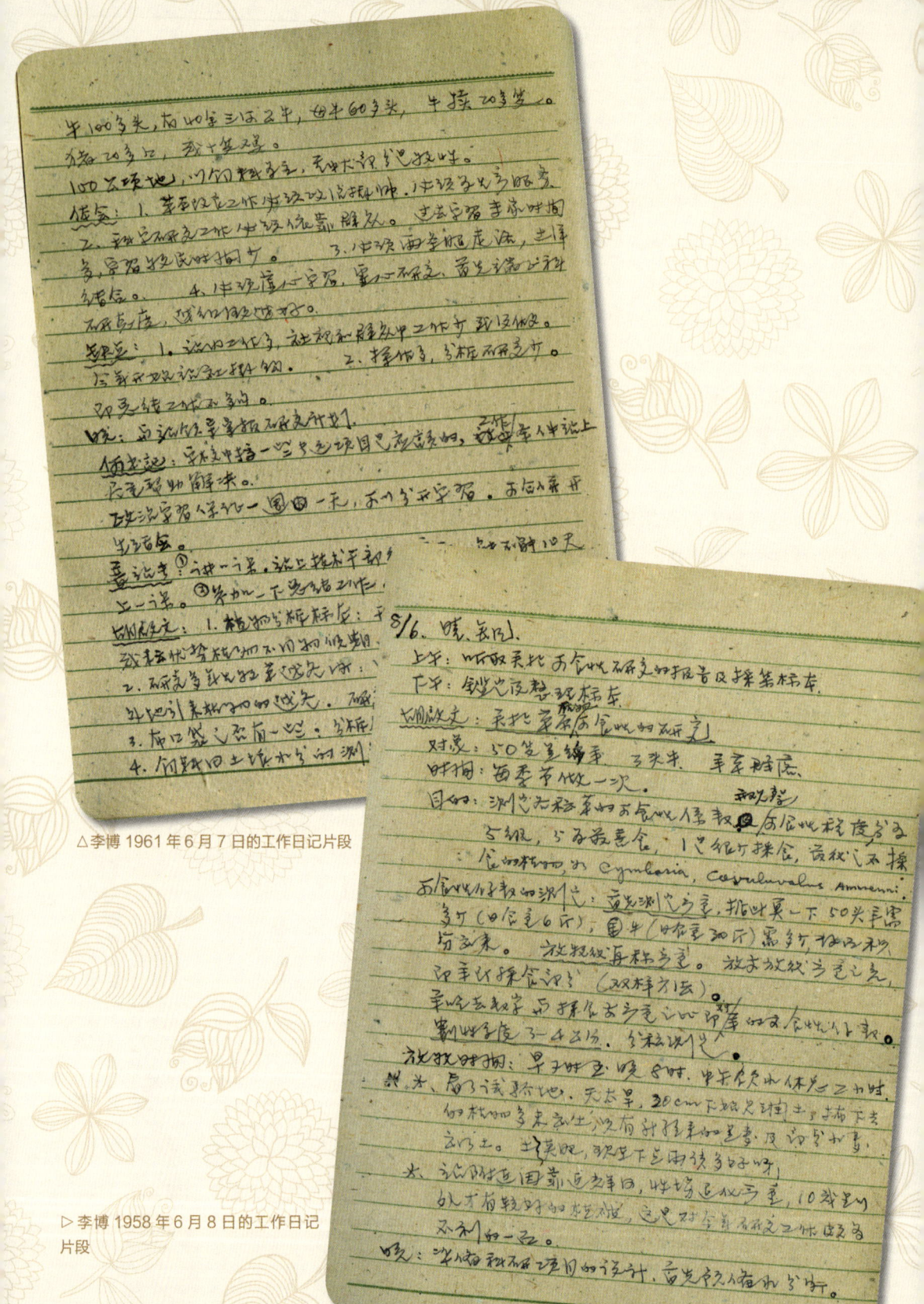

在试验站考察的时间里，李博除了参与试验站工作，还与师生们一起在站里进行了大量的试验工作，包括羊草草原的水分研究、光合作用、呼吸作用以及草场产量分析等。

1961年6月9日

下午，参观1、2、3号样条。3个样条均处于羊草草原中，其中混生 *Stipa* 等禾草，因缺水大部分地仍未利用。去年枯草保存得很好，一片枯黄，新生绿草还不太明显呢！

1号样条布置了很多小样方，做再生试验及小区放牧试验，花了很多劳动，也有明显的结果，很值得好好总结。

回来顺路选择我们的样地，拟设在改良地附近。这里的植被亦具代表性，距站近，并有废弃的木桩及铁丝网可以利用。

夜起大风。

1961年6月11日

白天自己没参加什么活动，在家准备科研项目。

呼盟草原利用中的问题：主要是水草不够，水源不均匀，草场不能固定。因此水利建设是基本的。

利用无水草场的办法：

1.开辟水源——引水或打井。

2.夜牧。

3.远牧（营地设在缺水草场与有水草场之间，隔日交替放牧）。

4.冬天放牧，建冬营地。

5.利用水分含量高的植物，如 *Allium*、黄花菜。

6.用作割草场（存在劳力问题）。

◁ *Stipa*，针茅属植物。多年生草本，叶常旋卷，花排成圆锥花序。果芒长，顶冠以长毛，且有吸湿性能。约有200种，分布于温带地区，在干旱草原区尤多。不同种及其地理分布还可作为草原分类的依据，对宜垦地也有一定指示作用，有部分作为观赏植物在园林中应用。

◁ *Allium*，葱属植物，多年生鳞茎植物。包括极有价值的庭园香药草植物，如青葱、大蒜、洋葱、韭、虾夷葱、韭葱、大葱等，常用在日常食物调味上。约有500种，分布于北半球。中国有110种（包括变种和引进的外来种），主要分布于我国东北、华北、西北和西南地区。

▷ 李博 1961年6月9日的工作日记片段

通过实地考察与调研，李博针对发现的问题，在工作日记中随时记录自己想到的解决方法，思路清晰，着眼点细致入微，从气候特点到采样环境、再到当天的天气情况和行程，李博的工作日记如同行程记录仪一般。这在1961年6月24日正式开始工作之后的日记中更为明显，他对草原研究工作的热忱由此可见一斑。

1961年6月24日　星期六　晴
第一天正式工作，很紧张的一天。
早4:30起床（3人），5:00离站赴样地，6:00到达，安装仪器完毕，7时开始工作，每小时观测1次，每次观测4种植物：

Aneurolepidium chinense、*Stipa baicalensis*、*Carex duriuscula*、*Poa spp.*

存在问题：
1. 扭力天秤搁置样品的空间太小，容纳不下较多的样品（一般不超过150毫克），容易引起较大的误差。
2. 水面蒸发观测方法问题。
3. 以蒸发表面为标准计算蒸腾量问题。
4. 二次称重间隔时间问题（现取5分钟）。
5. 重复问题。

下午取土样回站，准备分析水分。

在考察期间，李博不仅钻研专业领域问题，还时刻关注整个考察队的工作，及时总结经验，作出相应调整。例如，定期进行工作小结，以明确每一个项目的目的性；并找出工作方法上存在的问题，进一步制定工作计划与安排。同时，他也非常注意工作小组的思想作风，定期开展团小组活动等。由此，可以看出他对工作方式的重视程度之高。

◁ *Aneurolepidium chinense*，羊草，禾本科赖草属植物。多年生，具下伸或横走根茎；须根具沙套。秆散生，直立；叶鞘光滑，基部残留叶鞘呈纤维状，枯黄色；叶舌截平，顶具裂齿，穗状花序直立。花、果期6—8月。分布于俄罗斯、日本、朝鲜和中国，在我国，主要分布于黑龙江、吉林、辽宁、内蒙古等省区。耐寒、耐旱、耐碱，更耐牛马践踏，是我国内蒙古天然草场的重要牧草之一，也是很好的水土保持植物。

◁ *Stipa baicalensis*，贝加尔针茅，又称狼针草，禾本科针茅属，多年生密丛草本植物。秆直立丛生，基部宿存枯萎的叶鞘。叶片纵卷成线形，基生叶下面平滑，上面具疏柔毛。圆锥花序基部常藏于叶鞘内，分枝细，直立上举；小穗灰绿色或紫褐色；颖尖披针形，先端细丝状，芒光亮无毛，边缘微粗糙，芒柱稍扭转，花药黄色，花、果期6—10月。分布于我国黑龙江、吉林、辽宁、内蒙古、甘肃、西藏等省区。俄罗斯、蒙古国也有分布。主要为放牧型牧草，其茎叶还可做绳、扫及苫房用。

◁ *Carex duriuscula*，寸草苔，多年生草本。根状茎细长而匍匐，基部具灰黑色呈纤维状分裂的枯叶鞘，植株淡黄绿色。叶短于秆，常卷折。寸草苔属细小苔草，根茎发达，分蘖力强，返青早，生态适应性广，为表层沙质化土壤上的植物。具有耐寒、耐旱和耐践踏等特点，是优良的牧草。主要分布在温带草原区。分布于我国东北、西北、华北各省区；蒙古国、俄罗斯及朝鲜均有分布。

27日，室内工作（土壤水分分析及叶面积计算）
28日，讨论工作计划及总结，继续室内工作
29日，刻印表格，整理及阅览资料
30日，改造宿舍及讨论工作计划

23/6. 星期五。晴。冯格兰。
种园白菜。给苏主席发装仪器，整理本示车。
晚，汇报做主席的一切。汇报。

24/6. 星期六。晴。风。
第一天正式工作，很紧张的一天。
早4.30起床（3人），5.00 装运往样地。6:00到达，
安装仪器完毕，7时开始工作，每小时二次，每次次
测4种植物：Aneurolepidium chinense,
Stipa baicalensis, Carex duriuscula,
Poa. sp.

存在问题：1. 扭力天秤所菊豆样品的室周太大，容纳不下较多
的样品（一般不超过150毫克），宜另列出
较大的误差。

2. 水分蒸发次测方法问题。

3. 以蒸发器子样本计算蒸腾问题。

4. 二次称量间隔时间问题。（现在5分钟）

5. 重复次数。

下午处土样回记，准备今天实验水分。

25/6 晴。
此处编。最主慎拉采观察，早7.30 回记。

△ 1961年6月23—25日李博的工作日记片段

1961年6月29日　晴　热起来

全体整理材料。

水分问题目的性较明确,工作方法也较熟悉,工作起来也较顺利,看来问题不大。

产量分析方面问题较多,到底往哪个方向去做?达到什么目的?目前心中无数,应积极解决。

群落的基本描述也应该补一下。

七一前后,想把前一段工作全面整顿一下:

1. 阅读一些有关纪念七一的文章,提高大家对党的认识、对当前形势的认识。

2. 全部人员制订实习期间的红专规划,主要解决实习期间整个工作安排及每个人的学习、工作安排问题,使每人做到心中有数。

3. 将前一段工作分别进行小结,以小报告的方式进行,进一步明确每一个项目的目的性,并找出工作方法上存在的问题及进一步的做法。

4. 建议团小组过一次组织生活,开展一次批评与自我批评,整顿一下思想作风。

……

此外,李博还曾在工作日记中专门撰文记录自己的调查结果,即《关于土壤的野外调查》。主要围绕剖面的选择,从土壤形态描述[如颜色、结构、土壤湿度、土壤质地(机械组成)、土壤坚实度、土壤孔隙度、沉积物、特殊形成物和侵入体、植物根系]、野外化学性测定、土层划分等多个角度进行记录。

1961年7月2日　星期天　晴

下午开始阶段小结:

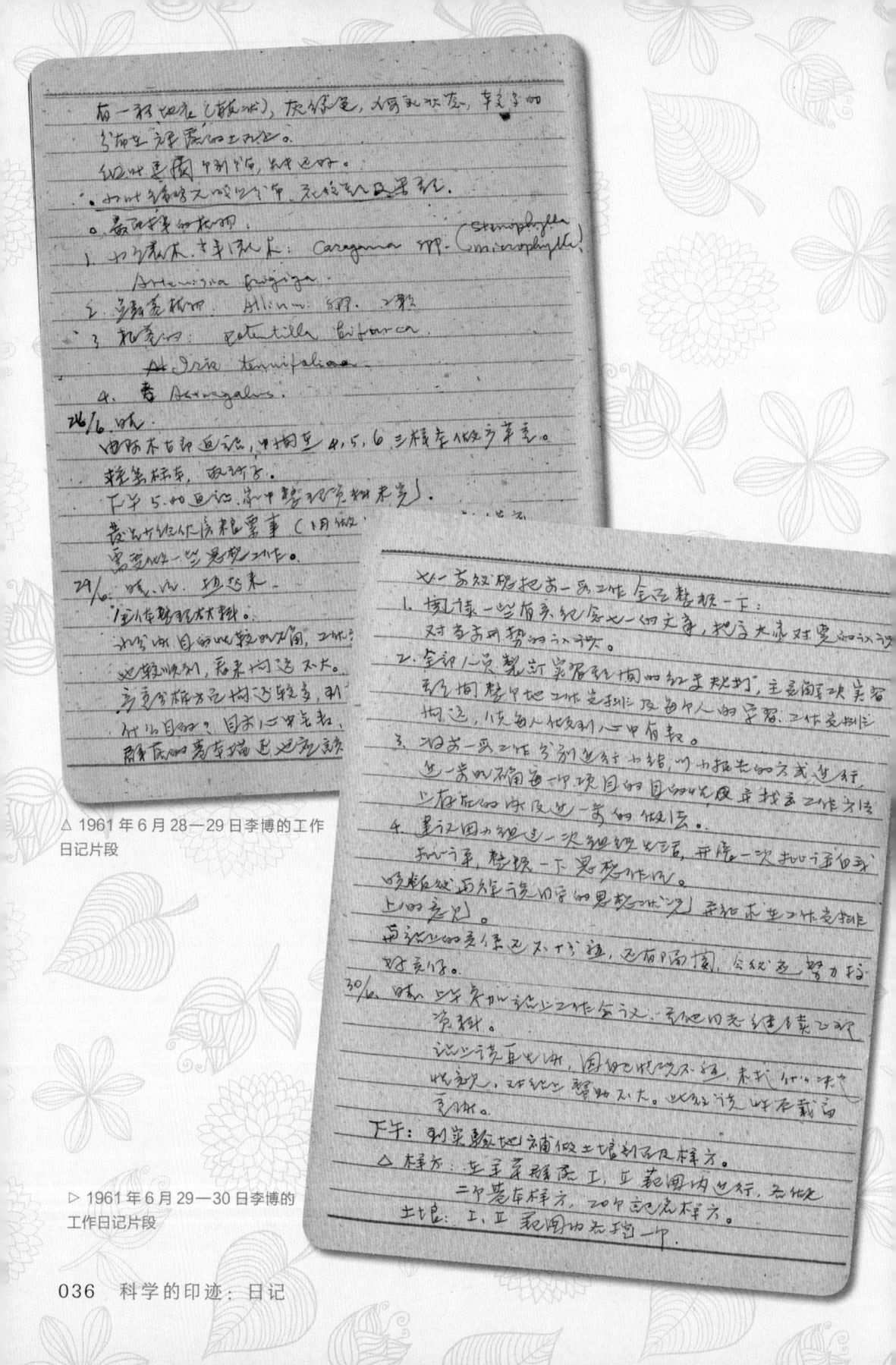

△ 1961年6月28—29日李博的工作日记片段

▷ 1961年6月29—30日李博的工作日记片段

1. 羊草群丛的群落学特征（李）。
2. 羊草群落的产量分析及光能利用问题。

1961年7月3日　晴

上午继续小结：

1. 羊草群落的水分状况。存在问题：

（1）取样不一致，蒸腾程度受影响，以后应一致。

（2）时间控制上有较大误差，不能控制5分钟。是否可按实计时，不要定时间。

（3）关于风速的记载，测定水面蒸发的做法等问题。

（4）时间问题。每次3人，每天6:00开始。

2. 光合作用及呼吸作用强度的测定。存在问题：

（1）指示液浓度问题。

（2）间隔时间问题。

（3）取样多少，应一致。

（4）仪器本身的调整问题。

下午安排7月工作。

晚：开会谈红专规划问题。

在试验站考察期间，李博把每天的工作都安排得满满当当，各项工作有条不紊地进行，虽然偶尔也会遇到各种各样影响进度的状况，但他总会尽可能思虑周全，一方面总结经验教训，另一方面想出应对策略，引以为戒。除了指导学生实习工作，李博还充分利用在草原考察的机会深入牧区，了解当地的生产生活情况，并且入乡随俗，学习骑马，适应当地的起居饮食习惯。在他记录生活的文字中，我们可以看到李博为人真诚、待人亲和的一面，也能感受到他有趣的一面。

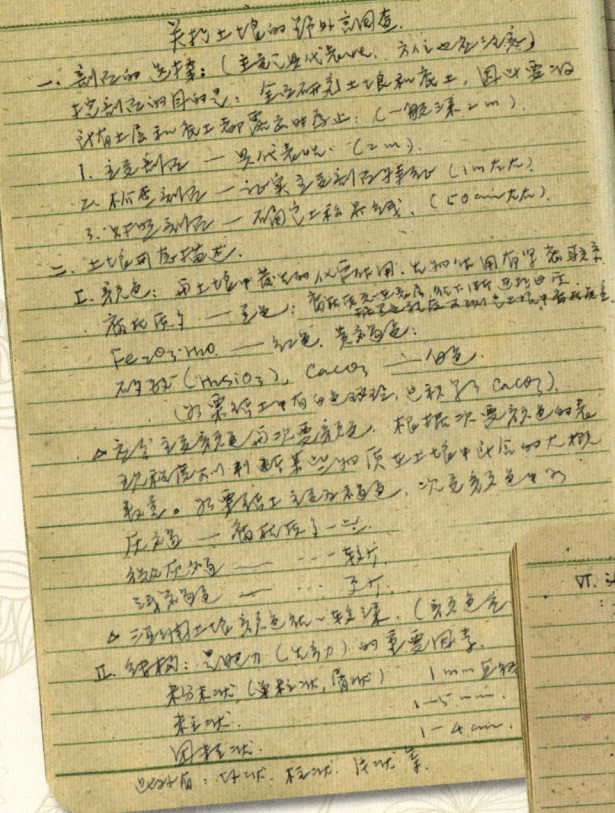

◁△▽李博《关于土壤的野外调查报告》片段

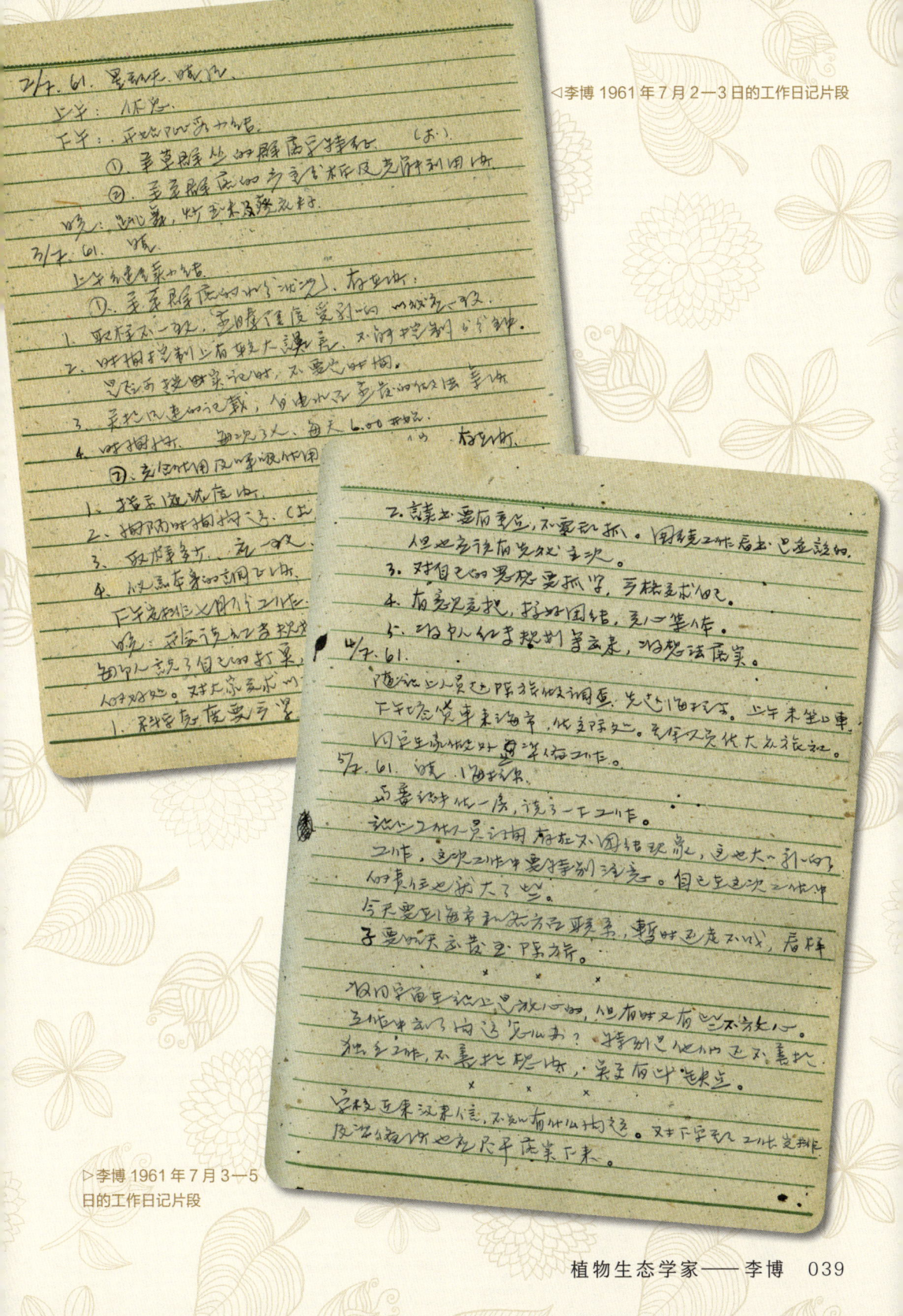

◁ 李博 1961 年 7 月 2—3 日的工作日记片段

▷ 李博 1961 年 7 月 3—5 日的工作日记片段

植物生态学家——李博　039

1961年7月8日　晴

昨晚8:00至完工，这里是1000人以上的大居民点，苏木所在地，房子、街道比阿木古郎还大，只是街上沙子太厚，走路都很困难。

……

上午去苏木政府联系工作。书记、苏木达都在夏营地。家中有一个秘书，准备向他汇报一下来此的目的及要求，确定在此工作的步骤和做法。谁知政府工作秘书说没有时间，叫我们下午再去。

下午，到了苏木政府之后，又赶上开会，他们又约我们明天再说，真真急死人！……

晚饭后与胡其文同志漫步到海拉尔河河滨，观察植被情况，天黑了，未到河滨而返（关于植被的记载见后）。

……

1961年7月11日　乌固诺尔生产队

昨天骑马总算经得起考验，能和骑马老手在一起走，并习惯了马的奔驰。有一次被抛出了马鞍，坐到了马颈上，幸亏3人一起把马收住了，没有摔下来，否则要出事故！

晚上，与胡启文、宝成二同志谈天，有很大收获（关于营地问题）。

（春夏秋冬各营地情况，略）

今天骑马到哈尔根那□□看秋冬营地，带路人不太负责任，没有带到真正的冬营地，只知找蒙古包吃东西，有点气人！

中午在一个蒙古包吃东西，做的荞麦面条，用羊肉干煮的。这是第一次在蒙古包吃饭……下午回来

◁ 李博 1961 年 7 月 6—8 日的工作日记片段

△ 李博 1961 年 7 月 11 日的工作日记片段

◁ 李博 1961 年 7 月 9—10 日的工作日记片段

植物生态学家——李博　041

遇雨，马飞奔前进，我又出了马鞍跑到马颈上去！而且，腿和屁股到处疼，真有点招架不了，但硬着头皮顶下来，一直跑到家。

晚，住呼和勒泰家。

从这些日记中可以看到，尽管这次深入牧区的时间并不长，但这段经历使李博再一次意识到，草原工作不能脱离草原，更不能脱离牧区居民的生产实践。一方面要学习语言、骑马等牧区生活的技能，如他曾在1961年7月10日的日记中写道："以后如常来牧区工作，一定想法把语言学通！"另一方面则要对牧区居民利用草原的经验给予更多、更充分的重视，他在日记中还写道："如果搞草原工作，应该对群众利用草原的经验有深入的了解，但这方面过去注意的很不够，整理出来的材料较少，可见中国的草场经营学还是不成熟的。"

3. 坚守草原梦，将科技引入草原植被生态学

按照最初的设定，莫达木吉试验站实习的其中一个研究目标就是关于草原群落水分生态的研究。这一课题与草原植被的利用、草原区的开垦以及人工饲料基地的建立都有密切联系，是实际生产急需解决的任务之一。研究选择了当地分布最广的羊草草原作为研究对象。在所研究的群落中被登记的植物共42种，其中**建群植物**1种（羊草）、**优势植物**4种（贝加尔针茅、糙隐子草、少叶早熟禾、寸草苔），其他植物数量很少。在群落总产量中，羊草占85%—90%，丛生禾草约占5%，寸草苔占4%，它们在群落中所起作用极大，因此研究这几种植物的耗水量就可以大体上确定整个群落的耗水量。在莫达木吉进行的这次草原群落水分生态研究揭示了草原群落产量与水分条件间存在的紧密联系，并对之做出了定量描述。

20世纪70年代，在参加中国科学院黑龙江土地资源综合考察期间，李博主持植被组工作，以植被为指标评价土地资源与环境并进行了生态分区。70年代后期，通过对植被在不同草原典型区受外界环境、人为干扰的分析、研究，评价环境质量，成功把植被研究成果引入环境科学，为环境评价提供了一个新途径。在这一时期，李博作为编写组副组长及主要执笔人之一，参与编写由**吴征镒**教授主持的《中国植被》一书，首次概括了中国草原植被类型与分布规律。

李博在日记中不仅记录工作进展，还时常对自身、对研究进行复盘与反思，他曾在日记中写过这样一段话："一个人没有远大的理想，没有奋斗目标，是很危险的。时间

◁ **建群植物**，即建群种，是群落的创造者、建设者。建群种在个体数量上不一定占绝对优势，但决定着群落内部的结构和特殊环境条件。

◁ **优势植物**，即优势种，是指群落中占优势的种类，它包括群落每层中在数量、体积上最大、对物种或物种群体赖以生存的生态环境影响最大的种类。其中，优势层的优势种即为建群种。

◁ **吴征镒**（1916.6—2013.6），江苏省扬州市人，植物学家，中国科学院院士。1937年毕业于清华大学生物系。1955年6月当选中国科学院学部委员（院士）。参加并领导中国植物资源考察，开展植物系统分类研究，发表和参与发表的植物新分类群1766个，改变了中国植物主要由外国学者命名的历史。他系统全面地回答了中国现有植物的种类和分布问题，摸清了中国植物资源的基本家底；提出"被子植物八纲系统"的新观点。

不等人，不抓紧它，它会将你远远抛在时代的后面！有一些人，迷迷糊糊地过日子，能舒服一点就舒服一点，能清闲一点就清闲一点，只想到自己目前的生活，没想到自己一生的追求，多么危险！不抓紧目前的时间，就得不到美好的未来。"正是出于对时间的无比珍惜以及对心中理想的坚守，心系草原的李博不断与时俱进，不断将当下最新的科学技术手段引入草原生态学研究中，将他的一生奉献给了草原。

20 世纪 80 年代，李博将**卫星遥感技术**手段率先引入草原植被生态学领域，率先利用遥感技术进行干旱、半干旱区大范围草原调查、制图与资源评价等，完成了内蒙古 118 万平方千米区域内的草场资源系列地图的编制，建立了内蒙古草场资源空间数据库，使中国草地资源调查、评价与制图方法、精度及学术水平迈上了一个新的台阶。90 年代，李博又利用遥感、地理信息系统等现代科学技术成功地进行了草地估产、草畜平衡预报、草地灾害评估及草地资源动态监测研究，建立了我国北方草地资源动态信息系统，使中国草地资源信息管理进入国际先进行列，不仅推动了草原生态科学研究的进步，也为国土资源科学评价、服务草原经济建设作出了重要贡献。

▷ **卫星遥感技术**是一门综合性的科学技术，集中了空间、电子、光学、计算机通信和地学等学科的成就，是 3S（RS、GIS、GPS）技术的主要组成成分。"遥感"一词从广义上讲，是各种非接触的、远距离的探测和信息获取技术；从狭义上讲，主要指从远距离、高空以至外层空间的平台上，利用可见光、红外、微波等探测仪器，通过摄影或扫描，信息感应、传输和处理识别地面物质的性质和运动状态的现代化技术系统。根据遥感传感器所在平台的不同，可以把遥感分为塔台遥感、车载遥感、航空遥感和卫星遥感等不同类型。

△李博在工作之余反思的日记片段

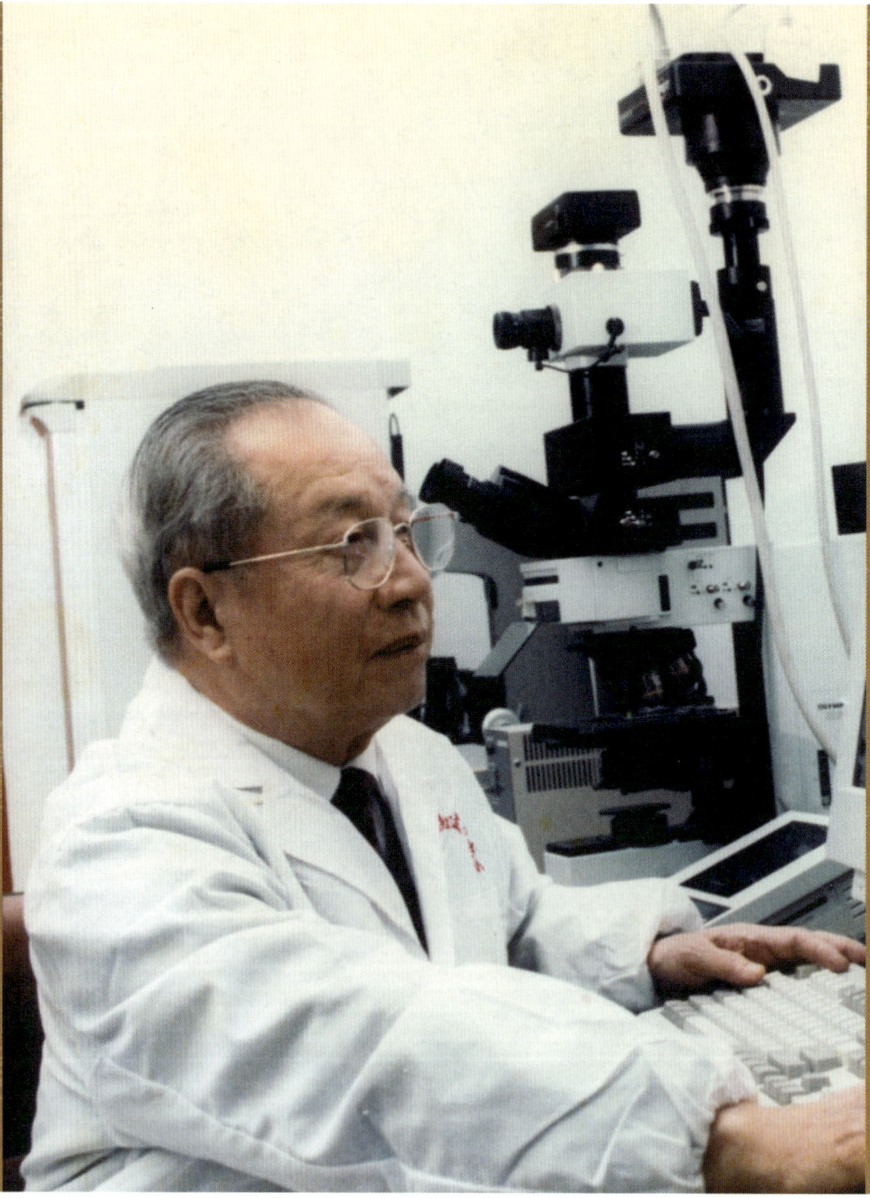

作物遗传育种专家——刘大钧

刘大钧（1926.7—2016.8），江苏常州人。作物遗传育种专家，南京农业大学教授，博士生导师，南京农业大学原校长、细胞遗传研究所所长。1949年毕业于南京金陵大学农学院并留校任教，1955年赴苏联留学，1959年获莫斯科季米里亚捷夫农学院生物科技副博士学位。1960年回国后，一直在南京农学院（1984年更名为南京农业大学）工作。曾任国务院学位委员会第二届、第三届学科评议组副组长，农业部第一届、第二届科学技术委员会常务委员，中国作物学会副理事长，江苏省遗传学会和生物技术协会理事长。长期从事小麦新技术育种、外源抗病基因发掘与优异种质创新研究。1999年当选中国工程院院士。

刘大钧之所以能取得如此成就，与他治学严谨、深入实践、敏于思考、善于创新是分不开的，而他高瞻远瞩、追求真理、知人善任、忘我工作、为人正直、以身作则也起到重要作用。

——庄巧生

1. 战乱中的坎坷求学路，技术傍身艺转农

20世纪初的中国正处于社会变革剧烈、政治动荡、战争频仍时期。受时局影响，刘大钧的生活遭受了很多磨难，求学之路也几经坎坷，但好在他出身书香世家，有重视教育的传统，加之他天资聪颖，又有后天的勤奋刻苦，虽辍学三次，但最终还是成功考入大学，完成了学业。

1937年9月，受"七七事变"影响，11岁的刘大钧第一次被迫辍学。当时，他所在的小学遭到日军飞机轰炸，沪宁一带战争阴云笼罩，学校不得已关闭。随后，母亲带着刘大钧兄弟姐妹七人历尽艰辛到达上海，租居在上海法租界避难。此时的家庭经济变得十分困难，但受过教育的父母仍然克服一切困难，坚持让刘大钧兄弟姐妹读书。在全家的生活安排妥当之后，哥哥和姐姐就开始帮助刘大钧补习英文和数学，以便让他继续升学。辍学近一年时间的刘大钧感觉很多课程变得生疏，但凭借自己的勤奋，于1938年9月顺利考入上海私立齐鲁小学，继续读六年级，一年之后按期毕业。

刘大钧升入中学后对数学、英文、体育有着浓厚的兴趣，学习成绩也很好。随着1941年12月8日太平洋战争爆发，日军开始大规模入侵租界区，学校被迫解散，原本还有半年就能初中毕业的刘大钧不得已经历了第二次辍学。

1942年1月，刘大钧跟随父母来到南京，这时家中能够变卖的饰物所剩无几，懂事的刘大钧深感不安与愧疚，比以前更加努力地学习，于半年之后在南京模范中学顺利初中毕业，并考入中央大学附属实验中学，开始了高中学

习。虽然他的学习成绩始终比较优秀,但因青春期的顽皮,他因经常触犯校规以至第三次辍学,这使他的人生发生了转变。

高中肄业的刘大钧出于强烈的自尊心,决定报考中央大学,原本想要学习工程专业,但考虑到高中只读了一年,理化基础薄弱,只好放弃这种打算。为了尽快考入大学,他选择了艺术系,一方面他对绘画有兴趣,另一方面这个专业的报考人数相对较少,竞争压力不大。于是,刘大钧利用暑假一个多月的时间补习了物理、化学和数学,如愿以偿地考入了中央大学。求学之路虽坎坷,但好在刘大钧始终未放弃学业,一切才回归到正轨上来。

进入中央大学艺术系学习一年后,刘大钧听从了向来重视技术谋生的父母的建议,决定转读农艺。抗战时期民众生活十分困苦,谁还能有闲情逸致来欣赏艺术?如果学有一技之长,可能更实际一些。1944年9月,刘大钧经过申请及学校审核批准,转入本校农艺系一年级,开始攻读农学专业。

1945年8月,中央大学关闭。1945年10月中旬,国民党政府在北平、天津、上海、南京设立临时大学补习班,后又将临时大学补习班改为临时大学,接收尚未毕业的在校生。1946年8月,南京临时大学被撤销,此时,刘大钧刚好读完农艺系二年级,和同学们在南京等候重新分配。大约过了三个月,国民党政府教育部公布了分配名单,刘大钧在内的5名同学被分配到浙江金华英士大学农艺系就读三年级。

浙江金华英士大学无论是师资水平还是教学仪器设备,都无法与原中央大学相提并论。入学不到两个月,由于同去的几名同学和学校的老同学发生冲突,其中3名同学被排挤出英士大学,刘大钧激于义愤和对这所学校读书

▷ **靳自重**（1907—1954），山东恩县（今武城）人。1932年毕业于金陵大学农艺系，1939年获英国剑桥大学硕士学位。新中国成立后，历任金陵大学教授、农学院院长，南京农学院副院长，中国农学会理事。从事大麦属的细胞遗传学研究，对野生大麦种的亲缘关系作出重要论述，著有《野生大麦之细胞学》《小麦的细胞学及其应用》等学术著作。

▷ **王绶**（1897.4—1972.2），山西沁县人。作物育种学家、生物统计学家、农业教育家。毕生致力于高等农业教育，为我国培养了几代农业科技优秀人才。长期从事大豆、大麦研究，育成"金大332（大豆）""王氏大麦"等优良品种。

▷ **章锡昌**（1910—1990），江苏武进人，1932年毕业于南京金陵大学农艺系，1940年获美国明尼苏达大学哲学博士学位。曾任中央农业实验所技正、麦作杂粮系主任。曾在湖北推广麦、棉窄行宽幅条播法，增产显著。主持小麦高产栽培及经济施肥试验，肯定了施拔节肥的增产效果。著有《小麦品种间落粒性差异的形态学原因》《小麦品种间休眠期差异与收获后发芽关系》等论文。

▷ **陆懋曾**（1928.12—　），江苏镇江人。长期从事小麦育种和高产栽培研究，先后与人合作选育推广了"泰山1号""济南2号"等21个小麦优良品种。

▷ **章熙谷**（1928—　），1949年毕业于金陵大学农艺系，南京农业大学教授，长期从事作物栽培、农业耕作制度、农业生态研究。出版有《耕作制度基本原理》《中国复合农业》《绿色技术》等著作。

环境的不满，于1947年1月主动放弃该校学习返回南京。这次，他决定报考南京金陵大学农艺系。1947年2月，刘大钧考入南京金陵大学农艺系，修读三年级。

在金陵大学，**靳自重**教授、**王绶**教授、**章锡昌**教授让刘大钧受益终身。在教授们的严格要求下，刘大钧专心攻读农学理论，坚实的农学基础便是在这一时期奠定的。金陵大学农艺系规定必须有专业实习才能毕业。1948年7月，在农艺系主任靳自重的介绍下，刘大钧和**陆懋曾**、**章熙谷**等8名同学前往中国台北的台湾大学农艺系进行为期一个月的暑期专业实习。他们先后在作物、气象、作物育种、生物统计、土壤农化和病虫害等多个研究室进行专业实习。

2. 留校任教，坚守科研第一线

1949年7月，刘大钧从金陵大学农艺系毕业，由于成绩优异，时任农艺系主任的靳自重便留他做助教。从此，刘大钧开始了他长达50多年的大学教学、科研工作。刘大钧留校任教后，靳自重最初安排他负责新遗传学、普通农艺课程的实习指导和课堂辅导等教学工作。1953年，刘大钧开始兼任系教务员，并在团内担任总支宣委及支部书记等工作。同年秋天，晋升为讲师。

在刘大钧的心目中始终有一个信念，那就是要像自己的老师一样发表高水平论文、培育出优良作物品种。他清晰地记得，刚到系里任助教时，王绶先生郑重地告诉他"要经常发表一些专业文章"。因此，刘大钧尽可能地选读和旁听各种课程，收集专业图书和杂志，努力充实专业知识，不断提高自己的教学和科研水平。

1955年9月，国家为了加快人才培养，决定选派一批青年教师和学生出国进修和学习，刘大钧凭借优秀的表现被选派到苏联莫斯科季米里亚捷夫农学院进修。其间主要从事硬粒冬小麦研究，主要研究方向是普通**冬小麦**和硬粒春小麦的种间杂交。1956年年底，经过他本人申请和组织及学校的批准，刘大钧由进修生转为正式研究生，师从苏联著名遗传育种学家戈允（音译），重点研究春小麦繁育生理。

留学期间，刘大钧经常对自己的学习情况和工作情况进行总结，及时找出不足以便能够更快地进步。1957年12月，他在自己的年终鉴定中这样写道：

◁**冬小麦**与春小麦的生长习性、播种时间、分布区域以及品质都存在差异，如冬小麦抗寒、春小麦抗旱；冬小麦在秋季播种，春小麦在春季播种。我国的冬小麦一般在9月中下旬至10月上旬播种，翌年5月底至6月中下旬成熟。冬小麦主要分布在我国的华北及以南地区，春小麦主要分布在我国的东北地区。

总的情况是按学习计划进行，原定本年度完成的学习任务基本上完成了。兹作几点检查：①研究工作，今年研究工作大体上按预定计划完成。对论文类文献初步阅读了一批，对所研究之问题有了基本概念，对苏联及国外进行的相关工作有了初步了解；对研究工作所必须掌握的研究方法，如组织化学、生物化学、放射性同位素的运用等，进行了学习和实习，由于在植物生理研究所实习一段时间，对上述方法有了初步掌握。②实验工作，今年除进行杂交实验外，还测定了花粉与柱头中酶的活动性，测定了不同品种花粉授粉后母体雌蕊中放射性P（磷）流入量，测定观察了试验品种之开花过程中个别习性，固定了不同品种花粉在母体柱头上发芽之材料……

研究工作中所存在的问题：①文献查阅相对较少，还不够深入，尤其是有关研究方法的理论部分，如生物化学和放射性元素等方面的文献；②杂交工作的组织较乱，结实率不理想；③工作计划性还不够；④研究方法尚不够精密，数据之可靠性还有待证实。以上所述缺点均需在下一年的工作中加以克服……

研究生必修考试：遗传学按期完成，俄文亦如期获得成绩，哲学延期考试，推迟5个月完成，选种及良种繁育学提前完成，成绩都是优等……出差为期50天，参观了8个研究所或试验场，访问了12位学者，对苏联南方地区遗传选种工作有了概括性了解，被访问学者给自己做了遗传选种学及论文相关方面的答疑，得到了许多有价值的建议。

通过两年多的刻苦钻研，刘大钧不论在理论水平、研究方法、政治素质，还是在专业实践能力方面，都比出国前有了大幅提高。20世纪60年代初，他带领团队开展小麦辐射诱变育种研究，育成高产小麦新品种"宁麦3号"，该品种高产、抗病性好，自20世纪80年代在长江中下游地区推广以来，表现优异，成为多个县、市的当家品种，为长江中下游地区小麦增产增收作出了重大贡献。

3. 博采众长，赴法考察

20世纪70年代中期，受国家农林部委派，刘大钧一行5人组成了中国赴法农业考察团，于1975年6月17日至7月10日前往法国，对其小麦、玉米育种技术、栽培措施和良种繁育制度进行考察。

刘大钧在赴法的工作日记中较为详细地记录了落地法国后的行程：

> 印象札记
> 6.18 飞机提前半小时到达，于巴黎时间上午7:00即到候机室……上午便到Versailles参观，由Auriau陪同参观了小麦育种试验、作物育种试验站。下午到试验处参观，由FELIX陪同。

刘大钧等人按照法方的安排并结合考察任务，进行了为期20多天的考察。在法期间，刘大钧一行主要考察了法国农业研究院（巴黎），其中包括凡尔赛农业研究中心（法国北部）、雷恩农业研究中心（西部）克勒蒙菲朗农业研究中心（中部）、蒙彼利埃农业研究中心（南部）、图卢兹农业研究中心（西南部）、第戎农业研究中心（东部）的试验站和实验室，参观考察了格里农学院和两个私人种子公司及一个农户。先后共访问考察17个单位。

刘大钧将考察行程和感想以中法文结合的形式一一记录在日记里，思路清晰，内容简明扼要，既有明确的日期信息，有时甚至附上具体考察时间。不难看出，刘大钧本

印象记

6.17 同机有一20岁女孩之所以显小此运人去丹麦找她父亲。据说去即她被带回家。不懂普通话。不会外语。到巴黎后还要转6.18上午9:00去丹麦的班机。由机上服务员陪同去其家。

6.18 飞机比预定时间早小时到达于巴黎时间上午7:00即到达候机室后不久即有一个会汉语的姑娘来到经要门到接待室等候。接待人员和使馆同志大使和夫人朱黎青同志亦经过接见此时飞机于晨大夫。这时去机场去迎接的人员是Mm. Marie Audette Porter. 使馆有夏,卢两同志。

下午便到Versailles参观 由Auriau陪同参观了小麦育种试验,作物育种部分。下午到计算机学习班由FELIX陪同。

6.19 到巴黎北部区查依生的PERONNE地方参观 小麦和玉米育种 由DERIEUX陪同。上午看小麦由陪同。下午看玉米由DERIEUX陪同。主要改良家系看株之优。

△ 刘大钧1975年6月17—19日的赴法日记片段

人对此次赴法考察的重视程度。秉持着博采众长、"洋为中用"的心态，在参观法国各作物试验站的同时，他也不乏展开思考。例如，在参观玉米试验田时，他认为法国玉米种植面积和产量增加其关键原因在于解决了早熟问题。他在 6 月 25 日的日记中这样写道：

> 6.25 参观 UCOPAC，由 Martin 陪同参观了小麦与玉米试验田 #5 温室，小麦方面主要介绍了 CMS 和 Restore lines 的转育情况。目前法国尚无生产上利用的杂种小麦，并认为前途未见乐观。目前小麦主要致力于矮化，玉米主要致力于早熟。据称法国玉米面积之所以迅速增长，主要是由于解决了早熟问题。此外带往仓库与工作场所进行了参观……

整个考察过程中，考察团所到之处均受到法方友好接待，不仅由法国主要科学家向考察团介绍工作情况和经验，并带领考察团参观他们的试验场与实验室，还赠送给考察团不少技术资料和种子（小麦品种 21 份、玉米杂交种 8 份、**自交**系 9 份）。在考察访问中，中方也相继向法方人员介绍了新中国成立后的农业发展情况、群众性科学实验活动及技术人员与群众相结合进行农业科学试验的情况，双方的交流较为愉快。法方不论是国家研究单位，还是私人种子公司，均表现出想尽快与我国建立农业技术资料及植物材料交流关系的愿望，并希望今后可以互派人员进行访问考察。

通过 20 多天的参观考察，刘大钧等人认为法国在农业育种方面有一些经验可以借鉴，如重视对原始材料遗传资源的搜集、鉴定、研究、利用与保存；重视基础研究；注重作物的品质研究；综合品种质量选育常抓不懈；充分利

▷ **自交**是指来自同一个体的雌雄配子的结合，或是具有相同基因型个体间的交配，或是来自同一无性繁殖系的个体间的交配。自交系，以玉米为例，是指从一个玉米单株经过连续多代自交和选择所分离出的性状整齐一致、遗传相对稳定的自交后代系统。自交系不直接用于生产，而是以其为亲本组配强优势杂交种应用于生产。

6.20. 全天至Versailles参观. G.E.V.P.S.
先由DAUPHIN介绍一般情况. 继由
PETIT介绍谷物种作杂种子生产. (B号
里子.)
由该实验室群众负责人HUTIN作全面介绍
继由SIMON介绍各种研究的种子检查.
中午由HUTIN招待.

6.21. 上午去严莫论馆缮研究车包工作.
下午参现Versailles宫. 施约节代
书画摆存看了一般不开放的室.
中看人不挑室.

6.22. 上午参观巴黎市容, 凯旋, 铁塔, 鲁佛
宫, 圣母院.

6.23. 参观 Versailles. Station science du
Sol. 上座 M. Trocme 和 Mme. Boniface
作陪, 同去Mme. Simon 到午. 中21.区
了解 250. 始 Jean CHAUSSIDON
作全面介绍.
下午参观 Station de PATHOLOGIE
VÉGÉTALE.

...ignon 农学院 由 prof. Morel (Soil
...) 和 Messenot (assistat. prof.)
... 上盆介. 参观了100年连续NPK试验区
... 外余, 工场耕作习试验.
... 到. 开会一起吃了午饭
...
... 方介绍
... PAC (原前 V.(MORIN)) 由MARTIN
(局)介绍参观了小麦成玉米3种(B含目咪)昌室, 小麦主要
介绍了CMS 和 Restore Lines 的遗传育种实,
且前仍处于研育阶段的若等目前法国国内
尚未产上利用的杂种小麦. 另外为前途未卜
乐观. 目前致力于矮化. 玉米主要致力于早熟,
据称法国玉米面积已所与恐生殖长王米号由于
引尺了早熟杂种问题. 4431 等经仓原研工作均
所进行了参观. 实验室的制育度.

6.26. 上午休息开会, 下午乘火车从巴黎出发前经
雷恩. 下午2:37 → 去巴黎. 饭房过店 4.0名客
路 4~100公里车有一送人至入进车的
绸房间. 到RENNES住在 HOTEL DU HUE
SCLIN. 到街上闲逛并用晚餐.

△▷ 刘大钧1975年6月20—26日的
赴法日记片段

作物遗传育种专家——刘大钧 059

△▷ 刘大钧 1975 年 6 月 27 日—7 月 3 日的日记片段

CLERMONT-FERRAND CENTRE

到[?]后[?]到南斯程夫一起人化验[?]组知有[?]时
会后,到洋施老场所参观。主要研究3种DNA
哈水小麦。生化室研究粒棒组蛋白评3之9.
到粒状大豆20九豆到可认到这几样轻[?]。8到五
看了Protein 和 Amino-Acids 的专题篇。
　　晚乘飞机回巴黎。
7/4 到INRA. 由 MM CAUDERON 和 PBRO
接见.3组[?]印象各重要理[?]会意. 听[?]了一下
我国情况 高兴解答 加[?]合作. PBRO表示了
张恪兵退[?]谈人来作数月来度. CAUDERON
表示要中国去来去考察条件.
　　下午到GEVES. 对名独望[?]的[?]认识[?]里
[?]机构[?]组织体制深入[?]讨问. SIMON先
去作了简介介答. 直到6:00才下班.
CAUDERON亲来陪议书要我签意. 晚上乘
空车on 到 DIJON 的育且选[?]设置名度实验
室.
7/5 中午到高等部 吃饭后 到怒乎赞. 刘贸现了
二小里隔,又去[?]定中作13向考察书去一晌
军电面.1.5时.
7/8. 下午6:20. 克思宫 7层. 1160尺. 老党主
　　　　10:20 中午去约[?].

△ 刘大钧 1975年7月3—8日的日记片段

用先进技术和设备等。

刘大钧一行于7月9日踏上回国旅程，从刘大钧的赴法考察日记中，我们可以看出此行收获颇丰，这本日记不仅是刘大钧梳理思路的"场所"，更像是一张"文字地图"，一条清晰完整的考察路线跃然纸上。回到北京以后，刘大钧等人将各自在赴法考察过程中的书面记录进行了汇总与整理，并提交了一份3万多字的考察报告。

1975年8月12日，刘大钧主动到江苏省农林局作汇报，就江苏省当时迫切需要解决的小麦特早熟、抗赤霉病的育种工作提出建议。

江苏省农林局对刘大钧在汇报中针对江苏省小麦特早熟、抗赤霉病的育种工作所提出的建议给予充分肯定，可以说，此次赴法考察对于我国研究当时国际小麦种植水平与育种技术具有重要的参考价值。

由于刘大钧外语基础好、专业知识基础扎实，他曾多次参加外事接待工作。如1976年5月，他接待了以布莱斯顿和布施为代表的美国小麦考察团，并就小麦杂交育种问题进行交流。同年9月，他又接待了联邦德国小麦育种考察团，并与考察团就各自小麦育种工作进行交流。这些国际间的考察交流帮助刘大钧进一步开阔了眼界，为他后来的小麦育种工作走向世界奠定了基础。

在从事小麦遗传育种研究的五十余载中，刘大钧从没有忘记自己的责任，他数十载如一日，始终坚守在科研队伍的最前线。他从小麦与黑麦属间杂交研究开始，在取得了一定成果后，又开始从事小麦的辐射诱变育种研究。他带领研究组同事从"临界剂量""变异类型""应用价值"等问题入手，逐步攻关，最后成功选育出适合长江中下游淮南麦区的高产小麦品种"宁麦3号"，创造了巨大经济效益和社会效益。

▷ 小麦赤霉病又称烂穗病、麦秸枯、烂麦头、红麦头、红头瘴，是由多种镰刀菌侵染所引起的、发生在小麦上的病害。从苗期到穗期均可发生，会引起苗腐、茎基腐、秆腐和穗腐，以穗腐危害最大。防治方法主要以选用抗菌品种为基础，以药剂拌种作为重要措施，以化学防治为重点。

▷ 小麦与黑麦属间杂交培育出的是小黑麦，是应用染色体工程人工培育的一个新物种，它结合了小麦的高产、优质和黑麦的抗病、抗寒及赖氨酸含量高等特性，有巨大的杂种生长优势，可作饲料、酿酒和生物能源及粮食应用。

一个勤奋的人总会得到上天的恩惠，付出的努力一定会有所回报，多一分耕耘，多一分收获。刘大钧正是"天道酬勤"的最好诠释者。除却外表上留有岁月拂过的痕迹，刘大钧内心对科学研究的向往却并无二致，刻在骨子里的勤奋品质也未曾改变。

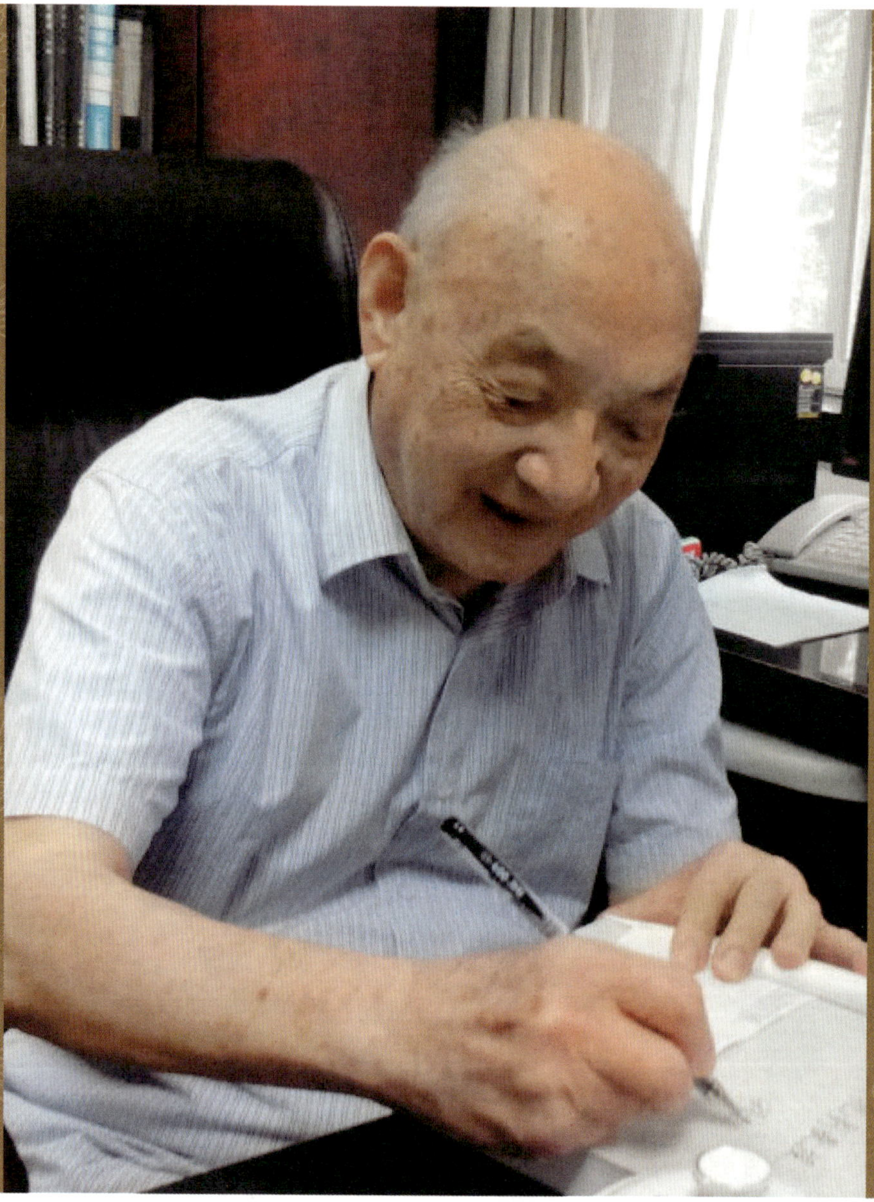

鱼类学、生态学家——刘建康

刘建康（1917.9—2017.11），出生于江苏省吴江县（今吴江市）。鱼类学、淡水生态学家，我国淡水生态学奠基人、鱼类实验生物学主要开创者，中国科学院院士。1938年毕业于东吴大学，1947年毕业于加拿大麦吉尔大学获哲学博士学位。1950年起一直在中国科学院水生生物研究所工作。20世纪40年代，在世界上首次揭示了黄鳝的性别转变规律，为低等脊椎动物性别分化机理的研究开拓了新思路；50年代起，先后总结了我国池塘养鱼和大水面渔业利用经验，显著促进了淡水渔业的发展；他主持开展长江鱼类生态调查，是新中国成立以后有关淡水鱼生态的最系统、最完整的调查工作，并成为后来论证葛洲坝和三峡大坝对鱼类生态影响的重要依据。他首创以系统生态学概念开展淡水生态学研究，领导开展的武汉东湖生态学研究历时40余年，确立了我国湖泊研究在世界湖沼学界的重要地位。

从鱼类学到淡水生态学,刘建康以求真务实的执着信念和服务社会的强烈责任心,以不惧权威敢于创新的科学精神,获得了研究领域的一次次突破,实现了探索领域的不断拓展。

1. 结缘水生，启蒙鱼类研究

▷ **刘承钊**（1900.9—1976.4），山东泰安人，动物学家、教育家，四川医学院教授、首任院长。1924年进入燕京大学学习，先后获得学士、硕士学位；1934年获得美国康奈尔大学哲学博士学位。1955年被选聘为中国科学院学部委员（院士）。长期从事两栖类自然史的研究并发现大量新种属，对横断山区两栖动物的分类区系与角蟾亚科的分类系统有深入的研究和独创的见解；在繁殖生物学与性行为的研究中发现"雄性线"。

1935年，刘建康在读大学二年级时，生物系决定在上海举办一个关于淡水生物的科普展览会。这次活动由时任生物系主任的**刘承钊**教授负责，系里还指派两名品学兼优的学生随同前往协助。刘建康荣幸地参加了这次展览的筹备，正是这次经历成为他选定学术方向的重要机遇。

这次在上海举办的淡水生物展可谓盛况空前，前来参观的人络绎不绝，各种咨询也让工作人员应接不暇。淡水动物里面包括鱼、虾、蟹、螺蛳、蚌壳等，但人们似乎对鱼最感兴趣。"这是一种什么鱼啊？鱼都吃些什么啊？四大家鱼的生活习性是什么啊？……"观展的大人带着孩子在各类鱼标本前仔细观察，怀着极大的兴趣问这问那，刘建康一直在展览现场，希望能解答人们的各种提问。可面对人们关于鱼的追问，他居然答不上来，只能干着急。

展览结束后，刘建康向刘承钊反映展览过程中遇到的问题，并向他说明观众的问题大部分都是关于鱼的。刘承钊解释道目前系里没有专门研究鱼类的教授。这么受人关注的水生动物怎么没有人专门进行研究呢？就在这个时候，一种信念在刘建康心里开始扎根："以后我要专门研究鱼，我要研究与人类生活关系更密切的淡水生物！"在回苏州的路上，刘建康向刘承钊表达了自己想要研究鱼类的愿望，得到了刘承钊的赞许。从此，他开始留意鱼类方面的书籍和文献。

1937年，刘建康在重庆借读于成都华西协合大学，于1938年秋毕业，毕业论文题目是《鲤鱼的骨骼系统》，自此，他实实在在地让自己和鱼类研究打上了交道。1939年

2月，经刘承钊推荐，刘建康到了位于重庆的国立中央研究院动植物研究所，师从著名鱼类学家**伍献文**教授读研究生，从事鱼类学学习和研究。

1940—1947年，刘建康或与导师伍献文合作、或独立研究，连续发表多篇有关黄鳝和其他几种鱼类的气呼吸机理的研究论文。刘建康晚年认为这一时期是他自己最具创新成果的时期。在此期间，他发表有《中国鲤科鱼类出鳃动脉在"头圈"上的排列方式》《斗鱼的渗透压调节与"氯化物分泌细胞"》等文章，并与伍献文一起发表《口喉表皮是鳝鱼的主要呼吸器官》一文，继而引发了他对鳝鱼习性研究的兴趣，并最先发现鳝鱼的性别转变。刘建康于1944年发表了《鳝鱼的始原雌雄同体现象》，受到国际动物学界的高度关注。

1945年2月，刘建康开始兼任复旦大学生物系副教授，并接替伍献文开设的脊椎动物比较解剖学课程。同年，经重庆中英科学合作馆馆长**李约瑟**的推荐，入读加拿大麦吉尔大学研究生院攻读博士学位。此后的几年，刘建康在国外学习并开展鱼类研究，直至1949年1月回国。同年10月，刘建康获得国立中央研究院的专任研究员聘书。1950年1月，刘建康在位于上海的中国科学院水生生物研究所及所属无锡太湖淡水生物研究室任研究员，正式开启了他的鱼类研究生涯。

◁**伍献文**（1900.3—1985.4）：出生于浙江瑞安。中国科学院院士。动物学家，中国研究鱼类学和水生生物学的奠基人之一，对蠕虫、甲壳、两栖爬行、鸟类等进行了深入的研究。

◁**李约瑟**（1900.12—1995.3）：英国近代生物化学家、科学技术史专家，1922年、1924年先后获英国剑桥大学学士、哲学博士学位。1942—1946年在中国，历任英国驻华大使馆科学参赞、中英科学合作馆馆长。其著作《中国的科学与文明》对现代中西文化交流影响深远。

2. 由沪转鄂，开展鱼类生态调查

1952年11月，中国科学院第42次院长会议决定同意水生生物所、太湖淡水生物研究室迁至武汉。湖北被称为"千湖之省"，武汉市内又有全国最大的城中湖——东湖，在那里开展淡水资源和水生态研究最合适不过。1954年8月，中国科学院水生生物研究所（简称"水生所"）从上海迁至湖北省武汉市的东湖之滨，从决策、选址、基建到搬迁完成，历时不到两年。

在水生所搬迁期间，刘建康曾于1953年10月下旬在湖北省沙市、荆门和武汉进行了有关鱼类生态的调查，并在同年11月的一次工作会议上率先表达自己对"鱼苗工作和生态工作"的理解，而且对迁至武汉后如何开展**梁子湖**的调查研究也提出了设想。从他填写的《中国科学院水生生物研究所出差工作日志》中，我们仿佛仍能听到他当年匆忙的脚步声，可以看到他精力充沛、全心投入鱼类生态研究事业的身影。

日期：1953年10月25—28日（星期日—星期三）

工作人员：刘建康

任务：鱼类调查

旅程：沙市、荆门县蛟尾乡

工作纪要：

10月25日　在沙市菜场观察江中及湖中捕得的鱼类，并整理各项标本，准备明日去蛟尾乡转往长湖。

10月26日　晨至金龙寺搭船去蛟尾乡，十时开

▷ **梁子湖**，长江中游冲积地区的一个中型湖泊，位于湖北省东部长江南岸，地跨武汉市（江夏区）、鄂州市。梁子湖的水面积仅次于洪湖，为湖北省第二大湖泊。梁子湖有各种淡水鱼类70余种，出产武昌鱼、胭脂鱼、银鱼、银针鱼、船钉鱼、鳜鱼、鳡鱼、鲇鱼、鳗鱼、大闸蟹等享誉海内外的梁湖特产，是武昌鱼的原产地。

行，下午三时到达蛟尾，住荆门县水产加工厂，并参观该厂养鱼场。

10月27日 整日在长湖中，于渔民捕得鱼后，立即固定消化管。

10月28日 由蛟尾返沙市，船行五小时半而达，去宝塔河街取得鳡鱼卵（呈黑色）标本。

明天（或今后数天）的工作计划：10月29日 继续在沙市观察鱼类并访问渔民，30日离沙市去汉口。

10月29日 至沙市宝塔河街鱼市场观察鳡鱼及鲟鱼并摄影，与渔民谈鳡鱼及鲟鱼生活习性，观察长江中当年鲢鱼及鳡鱼的生长情形。

10月30日 上午十时搭民和轮离沙市赴汉口，船于上午十一时开行。

10月31日 上午十一时抵汉口，将标本箱及显微镜寄存江汉路87号，下午来武昌，住北城角十四号湖泊调查队。

明天（或今后数天）的工作计划：为湖泊调查队讲养殖方面的问题，因等候队员集中武昌，该讲演暂定于六日七日两天举行，讲毕即候轮返沪。

1953年，刘建康还主持开展了鱼苗类的垂直分布调研、鱼苗120小时不换水试验、弹网中所采得的野鱼苗的鉴定等。

在水生所迁至武汉后，刘建康率先提出在东湖设置观测站点，目的在于为此后长期研究积累基础资料。他的这一想法不仅付诸实践，且坚持数十年，至今水生所还保存有关于东湖水生态60年来的资料。他的这种远见和坚持的精神，深受同行学者的赞誉。

1955年，水生所鱼类组设立"梁子湖鱼类生态调查"

▷ **鱼类生态学**是研究鱼类的生活方式及鱼类与环境之间相互作用关系的一门学科。具体包括研究环境对鱼类年龄、生长、呼吸、摄食和营养、繁殖、早期发育、感觉、行为和分布、洄游、种群数量消长以及种内和种间关系等系列生命机能和生活方式的影响及其作用规律和机理；同时研究鱼类对环境的要求、适应和所起的作用。

▷ **鱼类分类学**是根据国内外较为公认的鱼类分类原则和研究方法，对鱼类所属纲、目、科、属和种的分类特征、起源与演化及地理分布，以及国内外经济鱼类、习见鱼类及分类地位重要的鱼类的生态、养殖及分布情况进行研究的学科。

课题，由刘建康担任组长负责课题的开展。为保证课题的顺利开展，刘建康认真筹划调查方案、统一调查规范，精心设计调查表，内容包括调查时间、地点、鱼类种类、标本数量、性别、长度、重量、消化道内食物组成、性腺发育状况、成熟系数等，体现了他系统而完整的设计思想。

1954 年，水生所由上海迁至武汉之初，调查小组在梁子湖中的梁子岛上设立工作站，进行**鱼类生态学**的调查研究，这项工作一直持续到 1957 年。

当时在梁子岛上建工作站的条件很艰苦，照明用的是煤油灯。水生所许多科研人员都在梁子岛上工作过，以刘建康为首，连续两年的时间，"他们一半时间在武昌，一半时间在梁子岛，每月来梁子岛两星期"，组内包括从事鱼类生态学研究、**鱼类分类学**研究、水环境及水化学研究等多个研究方向的科研人员。在刘建康的领导下，水生所在梁子湖时期的工作成绩突出，不仅调查清楚梁子湖有鱼类 63 种，且收集到近 30 种经济鱼类的第一手生态资料，发表了 15 篇论文，收获颇丰。

刘建康等人在梁子湖做调查时的生活紧张而充实，其间他带领鱼类组进行了梁子湖湖沼环境及生物学环境的调查、鲤鱼的生物学研究、梁子湖一般鱼类的分类和生态调查、家鱼在梁子湖产卵的调查以及渔获物的分析等。

除了记录定期到梁子湖考察的相关事宜，刘建康还会在日记中记录一些生活琐事与一整天的行程，时而言简意赅，时而详细具体，透过文字可以感受到浓浓的生活气息，字里行间渗透着他对从事鱼类研究和开展鱼类调查的热爱以及对工作认真负责的态度。

◁ 刘建康 1955 年 10 月 23—24 日的梁子湖考察日记片段

▷ 刘建康 1955 年 10 月 25—27 日的梁子湖考察日记片段

鱼类学、生态学家——刘建康

▷ 刘建康 1955 年 10 月 28—30 日的日记片段

△ 刘建康 1955 年 10 月 31 日—11 月 3 日的日记片段

▷ 刘建康 1955 年 12 月 14—19 日的梁子湖考察日记片段

074　科学的印迹：日记

十二月十六日，星期五，晴

写梁子湖一年工作的主要收获……

今日，张春良在鲤鱼池捧绸数次，结果鲤鱼一条也未取出……打水机尚未装好，故不能干池，只能待一月份再行干池取鱼（7月16日放入的当年鲤苗，计49尾）。下午，祖熊陪张春良前往养殖场接洽取鲤、鲫材料事宜。

与浴沂、王胜等谈梁子湖方面的工作及人员问题，阅器材 Catalog；晚阅饶先生所著关于湖泊放养标准一章至十一时后结束。

总体而言，刘建康的日记既翔实具体、又生动有趣。从这些生动的细节，可以了解到他和同事在梁子湖调查中的大致情形，能够感受到他在梁子湖鱼类资源与生态调查中的领导和策划作用，同时也可以看出工作中同事之间互帮互助的情谊，无论酷暑难当还是天寒地冻，调查的工作一直都坚持不懈地进行着。在1956年梁子湖的工作中，刘建康本人主持了"环境因素对于鲤鲫产卵的影响"研究，其同事**曹文宣**等人还进行了鲫、鳜、草鱼、乌鱼、戴氏鲌、红鳍鲌、团头鲂、三角鳊、黄姑子、沙鳢10种经济鱼类的生态调查。

一月一日，星期六，阴晴下午转雨

继续进行室内布置，分别请梁子湖有关机构于下午三时参加联欢会。

一月四日，星期三，阴雨，寒冷

今日为今年解剖鲤、鳜等鱼的第一天。除鲤、鳜外，尚未进行翘嘴白和红梢等的检查（今年的工作计

◁ **曹文宣**（1934.5—　），鱼类生物学家，中国科学院院士，中国科学院水生生物研究所学术委员会主任、研究员、博士生导师。1955年四川大学生物系动物专业本科毕业后到中国科学院水生生物研究所工作。长期致力于鱼类动物地理学、生态学研究，长江鱼类资源和珍稀、特有鱼类物种保护的研究。

十二月二十日 星期二 晴

翻译 Никольский 一文作下週 seminar 报告用。
今日发现 蠕的雄虫果型现象 (胸鳍)。

十二月二十一日 星期三 晴 浓霜

所中国工卢子卿今日下午送信来(投稿事)连夜校阅，明日由原人带回。
湖北广播电台纪卓如今日下午来採访，约长明日详谈。

十二月二十二日 星期四 晴 风

卢子卿今日上午搭轮返武昌。 上午作四访复查水系利用
今日分三队出发湖上作定期採集。(纪卓如参加晴林且的一组) 语言的
下午纪来採访 谈三小时。 晚继译 Никольский 文。程乙原今日返学子

十二月二十三日 星期五 晴

上午纪卓如又来採访 谈又二小时，並为找寻致 资料。
下午三时半起 seminar，由宁生报告 Казанский 鲢鱼至期尾卵一文。
晚阅明日外文习题的材料。与冯佩重李商谈明日将如何进行诸新唐思想
的批判会提要。 程乙原今日返学

十二月二十四日 星期六 微雨

上午 9.30—12.00 俄数习题，由郝懋坤主持。
下午 1.30—6.20 开会由诸新唐作思想检查並进行部分揭发並决
定明日晚七时继续开会。

十二月二十五日 星期日 阴晴
摘
继译 Никольский 周木19底立颜區系列体 一文。发致家勤一信。上午小型会讨论事情股献记
晚七时开诸新唐思想批判会至十时结束 决定明日下午由诸进行第三次检查。

十二月二十六日 星期一

上午继摘译 Никольский 一文 下午一时半至四时开第三次诸新唐思想批判会。诸初可能
认识。晚畢前明日同组中明年许到会议。並摘译 Никольский 一文。

△刘建康 1956 年 12 月 20—26 日的日记片段

划），与伯鲁商定在其离此返沪前将梁子湖标本理出一套，并以《湖泊调查基本知识》中所写的检索表与简要说明为基础进行补充，以便作为人员训练之用。

一月六日，星期五，阴寒，晚起六级大风，温度骤降

拟订梁子湖鱼类生态调查中各项工作的要求提纲。

一月八日，星期日，晴，寒，湖边冰冻一寸厚，风全息

晨气温为-4℃，风已全息，渔船均出动捕鱼。至后塘看湖泊冰结对于调查用机船有无影响……派出所李所长告知我们梁子湖计划把最低水位降低三公尺，以及其他有关的发展规划。这项降低水位的计划对梁子湖的面貌将产生巨大改变，而研究工作也将有新的任务提出。约定水产科李惠卿同志明日详谈此项规划的内容及对渔业可能的影响和今后任务。

关于梁子湖的研究报告，早在1955年年底刘建康就曾致信科学出版社，计划于1959年年底交稿。1957年上半年，刘建康带领团队进行了梁子湖工作的重点补充和报告编写。1959年《梁子湖的自然环境及渔业资源问题》发表在太平洋西部渔业研究委员会第二次全体会议论文集中。这篇研究报告是长江沿岸具有代表性的浅水湖泊调查中比较完备的记录。全文报告了以下四个方面的内容：

1. 非生物环境和生物环境。包括全湖的景观、水文、水中化学物质、全年浮游动植物、底栖动植物的

情况等。

2. 梁子湖的渔业状况。包括鱼类总名录计 63 种，全年任何时期均能捕到的鱼类有 18 种，以鲤鱼的产量最高，达总产量的 40%。将鱼类食性和底栖动植物生长情况相比较，青、草两种鱼在湖中存在的种群太小，致使双壳类与水草大量过剩。

3. 繁殖保护问题。特别提到亲鱼产卵季节用各种方法捕捉亲鱼，影响了自然群体的补充，这是一个必须解决的问题。

4. 梁子湖减产的原因。1955 年梁子湖全年产量曾达到 1300 万斤，以后虽然渔民及捕捞工具都增加，但产量却大幅下降，其减产的原因不全是繁殖保护措施没有贯彻，主要是汛期江中鱼苗被闸门阻隔无法入湖。如果将江湖隔断的闸门待鱼苗到后才关闭，使湖泊能容纳由江汛带来的一定数量的鱼苗，则湖中的鱼产量必定可以提高。

刘建康十分注重将科研发现迅速转化为生产生活的现实效益。在梁子湖的长时间实地调查和试验中，刘建康记录下系统完整的习见鱼类。为了帮助水产工作者野外调查时参考，他把长江中下游湖泊中的常见鱼类列成一张简易检索表，并对表中所列的每一种鱼作了简短介绍，大部分种类都有附图。这种具有科普性质的读物备受水产工作者的欢迎。

3. 再次定位湖泊水库生态学研究

1961年，水生所进行机构调整，建立了研究室，刘建康从11月开始进入第五研究室（以下简称"五室"）工作，继续发挥他在业务方面的领头作用。这一时期五室的主要研究任务是开展湖泊水库生产力问题的研究。

刘建康一如既往地表现出他对科学研究的高度责任心。关于以哪个湖泊作为长期观测试验的对象，刘建康亲笔陈述了自己的想法。他在有关描述中说道，由于花马湖有港道与长江相通、有保证农田灌溉的功能、水位变化大、湖中底栖生物易露出水面而死亡等，使湖泊水体和生物生产力面临多种可能，因而在理论和应用上短时间内不可能取得成果。于是，大家将目光集中到武汉东湖，东湖近在水生所旁，常年水位在21—22米，变化幅度很小，干扰因素较少，对于水体生物生产力的研究比较有利。

鉴于当时"精兵简政"的背景以及相关条件的局限，他反对盲目开展新项目，对五室"1962年研究计划"中标明他参与负责的"湖泊生态系统的研究"提出了详细的修改意见。刘建康在分析了"东湖湖水湖泥主要化学成分的消长与转化的研究"等项目所需人力的不足和条件局限之后，认为要及时整理已有的调研资料和经验，强调做好1956—1960年研究的工作总结，在青海湖调查报告和东湖过去的水化学报告等方面投入相当力量。

在这种情形下，五室先后于1962年1—2月完成了青海湖的冬季样品采集工作、5—10月完成了春末夏初和夏秋间的样品采集工作；1963年第1—2季度完成室内生物标本计数工作和初步小结以及水化学分析和小结；1963年

第3—4季度完成周年的总结报告,结束青海湖的协作工作。正是按他的建议,五室于1962年4—12月完成了"东湖湖水及表层淤泥中主要化学成分变动规律的研究"的大量工作。

1962年,在频繁的政治学习中,业务工作仍是刘建康心中最为重要的事情,他在1962年7月日记的内容主要围绕工作展开,相较于先前的日记少了些对生活的记录,显得更为精练。

7月2日(星期一,晴),……上午写长江水产资源问题意见书的第一部分……晚续写致院意见书。

7月3日(星期二,雨),……整个下午小组讨论,晚写五室关于修改研究工作计划的报告(致计划科),续写致院意见书(水产资源问题)。

7月4日(星期三,雨),上午写好"致计划科关于修改上半年研究工作计划"的报告,续写致院意见书,晚8:00—10:00听尚豪关于云南高原的湖泊与生物区系的报告。

7月9日(星期一,晴雨相间),上午张松泉同志来商量关于水产学会讨论会(长江水产资源问题)的记录一事,阅奋英关于太湖水化学调查报告一稿的意见并核对原稿。续写致院意见书。

7月10日(星期二,晴),上午把奋英的意见书交回奋英……写完致院意见书,与伯鲁交换意见后交刘副主任。下午2:30高级人员会议,听取成所长关于南京之行的报告（地理所湖泊室调整情况），然后讨论我所对合并湖泊室问题的意见至6时结束，决定成立五人小组讨论起草。

7月11日（星期三，晴），上午8：00—12：00五人小组讨论对湖泊学今后如何展开的意见及与南京地理所湖泊室合并问题，下午开始整理意见。

7月12日（星期四，晴），上午写五人小组讨论意见报告，伍先生与刘副主任来谈关于湖泊学发展及具体调整时的房屋问题。下午续写报告。

7月13日（星期五，晴），写关于湖泊学发展方向意见……下午写完五人小组意见汇报。关于东湖地形图事，今晨致函所党支部，请出介绍信致城建会告借该图。当日即寄来。

7月16日（星期一，晴），与宗涉谈上半年工作进行情况报告（所里要书面报告）。与碧梧谈杜金瑞黄颡鱼稿件处理事，与伯鲁谈翻译稿出版事。

7月17日（星期二，晴），阅卢奋英关于改良式采水器一文……提出文稿的修改意见并与奋英交谈。

7月19日（星期四，晴），上午阅戈敏生关于佛子岭水库渔业状况的报告文稿并作修改。下午室中学术报告由白国栋报告水库渔业利用中存在的若干问题。

日誌　1962年7月1日起

7月1日　星日　晴　下午陣雨未落成
傍晚去三院病房看承容,烧已退。

7月2日　星一　晴
到所后知陈云霞上周已来室报到,人事科希歇要后决定七月份下□一个月。上午写长江水产资源问题意见书(致院)的第一部分。下午去汉口中国银行联系外汇(该行上星期六来电话约定今天去接洽)。晚候写致院意见书。花马湖调查采本船今日下午由室组织人力搬下来湖。

7月3日　星二　雨
上午8.00去分院听王秘书长关于庆祝七一的报告会,至12时后结束。下午整个时间小组讨论。晚写五室关于修改研究工作计划的报告(致计划科)。继写致院意见书(水广资源问题)。

7月4日　星三　雨
上午写好致计划科关于修改上半年工作计划的报告后,继写致院意见书。下午继续。晚8.00-10.30听高□关于云南高原的湖泊与生物区的报告,其归耒□

7月5日　星四　雨
上午继写意见书,分院周副院长来所客室参观。下午3.00-6.00周付院长召集各室□座谈业务问题。晚休息。

7月6日　星五
写致院意见书

7月7日　星六
写致院意见书。胡鸿钧之弟(武大生物系助教)来访问关于上海水产学会中某发言中的□

7月8日　星日
在家

7月9日　星一　晴雨相间
上午□松泉同志来简要关于水产学会讨论会(长江水产资源问题)的记录事。阅伍□英对于太湖水化学调查报告一稿的意见并核对原稿。

△刘建康1962年7月1—9日的日记片段

◁ 刘建康1962年7月10—15日的日记片段

▷ 刘建康1962年7月16—21日的日记片段

鱼类学、生态学家——刘建康　083

从上述日记中不难看出，在这一个月中，刘建康除了政治学习，几乎每天都忙于科研工作的规划、协调、青年骨干的学术培养以及自我业务提高的外文阅读等。可见，1962年对于刘建康来说是具有特殊意义的一年，在这一年，他对研究室的研究方向进行了调整和重新定位，将整个研究室的方向确定为"湖泊水库生物生产力研究"，他本人也在认真推进向淡水生态学方向转型的规划和设计。

《湖泊水库研究室1963—1972年科学研究规划》中有这样的表述："我室以湖泊水库为研究对象，研究水体中营养物质的转化过程、环境条件与水生生物以及水生生物彼此之间的相互关系，找出它们在水体中的发展规律，并根据系统深入的研究为提高水体生产力提供科学依据。"刘建康明确提出："今后我室以提高水体生产力为发展方向，因而必须开展野外调查、积累资料，以便找出水体生产力的发展规律。但野外条件复杂，必须与室内试验相结合进行基本理论的研究，使工作更加深入。"

刘建康在定位研究室的工作中发挥了重要作用，他希望带动科研工作在理论基础和应用研究两个方面取得长足发展。进行湖泊水库生物生态学的研究，一方面是从生态系统的整体概念出发，阐明非生物环境、生物与生物之间的相互关系以及物质循环、能量转换等问题，从而建立我国湖泊水库生物生产力的理论基础；另一方面是获得规律性的水体生物生态学理论成果，以期充分认识发挥水体生物生产力的途径、促进淡水渔业发展。

根据水生所后来的科研进展及成果可以发现，刘建康在这一时期对研究方向的把握和研究重点的选择对水生所产生了长远影响，特别是为后来水生所确定"水域生态学"的研究起到了重要的铺垫作用。

刘建康 1954 年 8 月随水生所迁至武汉，之后发表了"养鱼池单位面积产量试验"，被水产界公认为我国传统养鱼经验的科学总结，文中首次提出了草鱼、青鱼的饲料系数；1955 年，组织 20 余人赴湖北梁子湖设站点进行鱼类资源和生态调查，在此后两年的时间里收集了湖中近 30 种经济鱼类的生态学资料；1957 年，开始主持长江鱼类生态调查工作，分别在重庆木洞、湖北宜昌和上海崇明岛设立工作站，历时两年多的采集、观察和记录，研究团队总结出一套系统的鱼类生态学资料，填补了我国淡水鱼类生态学的空白。刘建康参与或率领开展的五里湖、梁子湖和长江上中下游鱼类的生态调查研究，是中华人民共和国成立以来有关淡水生态研究最系统最完整的工作，研究取得了大量和系统的第一手生态学资料，汇成《长江鱼类》一书，并且研究所得资料是论证葛洲坝和拟建的三峡大坝对鱼类生态影响的重要依据。

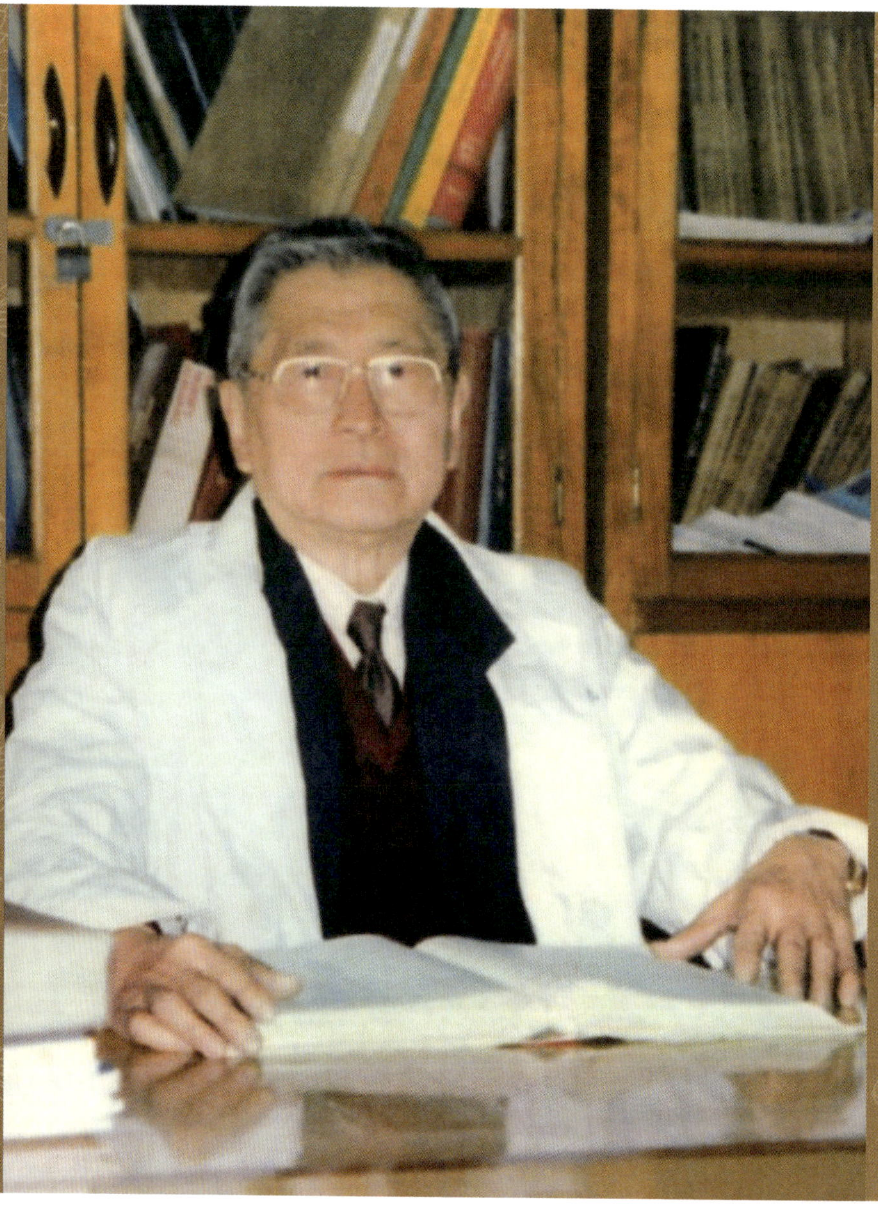

口腔颌面外科学专家——王翰章

王翰章（1919.5—2017.9），北京顺义人。口腔颌面外科与整形外科专家、口腔医学教育家，中国口腔颌面外科学与整形外科学创建人之一。1949年毕业于华西协合大学牙学院，同时获美国纽约州立大学博士学位。前华西医科大学副校长，华西口腔医院院长。曾提出"强素质、宽基础，重实践、求创新"的办学理念，为新中国口腔医学事业的创建以及享誉世界的华西口腔的发展作出了巨大贡献。

几十年来，我不仅把医生当成一种职业，更多的是把它当成一种信念，为患者解除病痛是一件让我由衷感到快乐和充实的事情。

——王翰章

1. 求学：埋下一颗学医的种子

1919年5月22日，王翰章出生在河北省顺义县（今北京市顺义区）胡各庄村一户普通人家。他是家里的第一个男孩，就是旧时说法的长子长孙，母亲去世得早。或许因为这两个缘故，王翰章是祖母在孙辈中最疼爱的一个。王翰章的祖母慈祥、和蔼、乐于助人并善于言谈，常被邻里请去排解家庭中的矛盾、解决邻里间的纠纷，祖母以言传身教的方式影响着王翰章。在王翰章看来，祖母是对他一生影响最为深刻的亲人，甚至他立志从医也与祖母的教诲和影响有密切关系。

1934年6月，小学毕业的王翰章以优异的成绩升入潞河中学。在潞河中学三年的学习生活中，除了忙碌的学习，还有一段看似不起眼的经历与王翰章日后做出学医的人生选择直接相关，也就是这段经历在年仅16岁的王翰章心里埋下了一颗学医的种子。

1935年春，因为感冒引发扁桃体发炎和高烧，王翰章住进了通州潞河医院，这是他生平第一次进西医医院。这家医院是当时通州唯一的一所医院，负责潞河中学学生每年的体检，最特别的是潞河师生到这里看病一般无需交费。潞河医院是一座三层楼的西式建筑，一楼是门诊部，二楼、三楼是病房和手术室。医生护士多毕业于**北京协和医学院**，院长是个美国人，中文名字叫瑞春生。医院里每间病室有三张床，院内环境整洁清净，医护人员和蔼可亲，每天数次问寒问暖。院长每天上午、下午都会到病房看望患者，这位黄头发、蓝眼睛的美国人中国话讲得不错，尤其是和蔼的态度和认真负责的精神让王翰章感到很亲切、很愉快。

▷ **北京协和医学院**前身是美英基督教教会于1906年共同创办的协和医学堂。1912年改称协和医学校。1917年成立北京协和医学院。1929年更名私立北平协和医学院。1951年1月，学校由中央人民政府教育部和卫生部接管，改名为中国协和医学院。历经传承与发展，学校先后更名为中国医科大学、中国首都医科大学和中国协和医科大学。2006年定名北京协和医学院。

当时，中国人绝大多数还是习惯看中医，到西医医院的多是外科、产科和急诊患者。当时的王翰章虽还不懂得思考这其中的原因，却对西医的技术和服务有了最初的感性认识，至少消除了对西医普遍抱有的偏见和神秘感。王翰章没几天就痊愈出院了，但这次经历却深深地印在他脑海里，他决心长大要当一名医生。

王翰章在回顾这段往事时曾说："我住在医院里感到有一种无名的安全感。我思索着，医生的工作是伟大而神圣的，随时在帮助人，把人从痛苦中解救出来，并能挽回人的生命。奶奶也像医生那样，她医好我心灵的创伤，她不要回报，她求的是我能快乐、健康地生活下去，成为一个好孩子。这都是伟大而神圣的，这是不是奶奶所说的大男人的形象，助人、爱人的榜样，是不是我要向他们学习，争取做这样的人，去帮助受苦的人？将来做医生，我想一定会符合奶奶的心愿，我默默地记在心中。"

潞河中学的毕业典礼有个惯例，校长致辞并宣布毕业生名单后，都要请一位名人发表演讲。王翰章这一届学生的毕业典礼请的是时任燕京大学校长的**司徒雷登**，演讲的主题是"中国的小西天——天府之国四川"。当时司徒雷登刚从四川考察归来，演讲的内容是其赴四川沿途的所见所闻，事例丰富、语言生动，非常吸引学生，王翰章至今仍记得其演讲的主要内容。

◁ **司徒雷登**（1876—1962），美国传教士、外交官、教育家。1876年6月，司徒雷登生于杭州，父母均为美国在华传教士。1904年开始在中国传教，曾参加建立杭州育英书院（即后来的之江大学）。1908年任南京金陵神学院希腊文教授。1919年起任燕京大学校长、校务长。1946年任美国驻华大使，1949年8月离开中国。2008年，其骨灰安葬于杭州半山。

> 司徒雷登描述乘船过三峡，逆水而上，漂流在波涛滚滚峡谷中的惊险历程。纤夫的辛苦、两岸的美景、滑竿的奇特、土地的富饶、物产的丰富和一些异样的风土人情，给他留下深刻的印象。他说进入四川的路途真是蜀道难，难如上青天。他讲在那高山峻岭围绕的盆地中，有一所学术水平很高的学校华西协合

大学，是一所专业齐全的高等学府。他特别提到其中的牙学院设备、师资力量、学术水平、人才培养的成果都令他惊讶，他说华西协合大学的牙学院可以堪称亚洲此类专业学校之首。

这是王翰章第一次听到关于遥远的西南省份四川以及华西协合大学与牙学院的情况介绍，令他印象深刻。立志从医的他当时不曾想到，数年后自己真的会历尽艰辛到几千里之外的成都华西坝求学。这次演讲对他后来的选择——转学**华西协合大学**牙学院，在一定程度上有着潜意识层面的暗示与鼓励。

1937 年 9 月，王翰章进入北京私立育英中学（今北京市第二十五中学）高中部学习。与潞河中学一样，育英中学也是由美国基督教公理会创办的教会学校。20 世纪三四十年代，具有教会背景的私立学校的办学条件很好，学校会定期对学生进行体检，而且是由北平协和医院和北平市卫生第一事务所共同负责。王翰章在高二时因为经常感冒、发烧，协和医院的大夫在体检时建议他趁寒假时做扁桃体摘除手术并直接给他开了入院证。协和医院诊疗技术的先进和医护人员的职业风范，医者助人为乐、为患者解除病痛的价值理念，令王翰章印象深刻，进而影响了他的人生选择。

▷ **华西协合大学**是 1910 年由美国、英国、加拿大的 5 个教会组织创办的，校址位于四川省成都市府南河畔的华西坝。1951 年 10 月 5 日，人民政府接管私立华西协合大学，更名为华西大学，1953 年院系调整后更名为四川医学院，1985 年更名为华西医科大学；2000 年与四川大学合并组建新的四川大学，并成立四川大学华西医学中心。

2. 学医：转学华西协合大学牙学院

1940 年，抗日战争处于相持阶段，北平的学校大都已迁往内地。虽然王翰章心里早已有学医的念头，但是对选择哪一所大学心里没底，认为"只有**辅仁大学**、齐鲁大学医学预科和燕京大学可以考虑"。回家再次和家人商量后，决定报考齐鲁大学医学预科。三周后，王翰章收到了齐鲁大学医学预科的录取通知书。

然而，在日军偷袭珍珠港的当天晚上，日军进入齐鲁大学并封锁了整个校园。随后，外籍教工被押往潍县集中营关押，其他人则被遣散，校园被强占为日军军医院，教学设施遭到严重破坏，王翰章此时不得不离开齐鲁大学。1942 年春，回到北平家中的王翰章为了不中断学业，选择暂时借读辅仁大学生物系。1942 年秋季学期开学没几天，王翰章在育英高中读书时的同学李梦鱼来访，彻底改变了他此后的人生道路。当时被迫中断学业的李梦鱼打算去四川成都继续学业，特来约王翰章同行。

当时从北平前往成都是很有风险的，一旦被日本特务发现将被逮捕入狱。王翰章很清楚这一点，但是他更渴望继续学业以完成自己的从医理想。1942 年 11 月 5 日，王翰章历尽艰辛，经过 40 多天的长途跋涉，终于到达了向往已久的目的地，开始了他在华西坝长达 7 年的大学生活。

王翰章到达华西坝后，最初仍是继续齐鲁大学医学预科的学习，由于没有了家里的经济支持，他不停地寻找打工机会，先后做过"华语学校"的普通话教师、英语补习班的教学工作，还同时做过两份家教。因为除去吃住以外，

◁ **辅仁大学** 1925 年建校于北京，与清华大学、北京大学、燕京大学并称北平四大名校。1952 年，全国院系调整，辅仁大学部分院系并入北京大学等高校，其余大部与北京师范大学合并。1960 年在台湾省复校，次年开始招生，为台湾四大名校之一，也是台湾两所被联合国教科文组织承认的大学之一。

▷ **侯宝璋**（1893.5—1967.3），安徽省利辛县人，病理学家、医学教育家。1934年出版我国第一部《病理组织学图谱》。先后出版了《为司马相如的病下一诊断（中国糖尿病史）》《医史丛话》《中国解剖学史》《中国牙医史》《中国天花病史》《疟疾史》《杨梅疮考》。1956年发表《原发性肺癌与华支睾吸虫感染的关系》，第一次提出并证明了寄生虫在人体肝内寄生可以引起恶性肿瘤。曾任中国医科大学副校长兼病理学教授，为我国培养了大批医学科学人才。

▷ **林则**（1884—1968），加拿大魁北克人，多伦多大学牙科学学士、牙科理学硕士，皇家牙外科学院博士和口腔外科教授，医学教育家，中国口腔医学创始人，被誉为"中国现代牙医学之父"。1907年在成都首创牙科诊所。1917年创办华西协合大学牙医学科，后扩充为牙医学院，成为中国现代口腔医学的发源地。历任华西协合大学校务长、牙医学院院长、教授。1950年返回加拿大。

他还得购买必需的学习、生活用品，支付简单的衣物和生活零用。1945年，王翰章找到一份比较稳定的工作——为华西协合大学毕业生填写英文证书。就这样，王翰章在华西坝边打工边求学。

王翰章到达华西坝时已是1942年11月，转眼就到了1943年放春假（寒假）的时候。依照华西协合大学的惯例，每年春假，各实验室、博物馆都要对外开放开展科普教育。学习之余，王翰章也抽时间专门去参观了一次。他回忆："……新落成的华西协合大学口腔病院和牙学院标本陈列室和实验室。我被那些陈列着的上千具人头颅骨、各种牙列模型、从鱼到人演化过程的各种动物标本，还有各种口腔和颌面部疾病的泥塑模型所吸引。口腔病院那些先进的、崭新的专科医疗设备令我眼花缭乱。真如司徒雷登教授所说的那样，'华西口腔是亚洲少有的，教学水平、师资力量亚洲屈指可数'。"

经过这次参观，王翰章对华西协合大学牙学院有了更加直观深入的了解。回到寝室，他把参观华西协合大学牙学院的事情告诉了好友并表示想去学牙科，毕业后做一名专科医生。那一夜，王翰章辗转难眠，整晚都在思考转学问题。最后，他下定决心转学华西协合大学牙学院。经由时任华西齐鲁联合大学病理系主任并代理齐鲁大学医学院院长的**侯宝璋**推荐，王翰章如愿转入华西协合大学牙学院。1943年暑假，王翰章收到了华西协合大学牙学院的通知，接收他转入牙学院三年级。

1943—1949年，王翰章在华西协合大学牙学院度过了六年。在**林则**的大医学口腔医学教育指导思想下，牙学院培养学生的制度是异常严格的，从开始时的教育计划安排就可以看出牙学院对基础教学的重视，要求学生理论知识广厚扎实、技术训练严谨细致。

20世纪40年代后期，牙学院已经发展到8个系，学科门类之全面，国内无出其右者。回顾当年在牙学院的学习，王翰章说他最感兴趣的是外科性质的学科，而牙医学的各科都含有外科性质的内容，因此那时他对口腔各科都有兴趣，特别是口腔外科，这对他后来的专业方向选择产生了直接影响。王翰章曾表示："我从事口腔颌面外科与整形外科工作是一个偶然的机会。1948年宋儒耀教授留美回国，我被选为他的临床助手，对我来说这是极为难得的机会。我跟随他参与开创我国口腔颌面外科与整形外科的工作，并为此奋斗终生。"

1949年是新中国肇始之年，也是王翰章告别漫长的学生生活、步入社会的一年。20余年的寒窗与磨炼，他终于有了为社会服务的能力，开始了从医执教的生涯。

◁ **宋儒耀**（1914.11—2003.2），整形外科医学家、外科医学教育家，中国整形外科、口腔颌面外科、显微外科和美容外科的创始人，中国整形外科事业的开拓者和奠基人，中国医学科学院整形外科医院创建人，中国第一位整形外科教授（亚洲第一位整形外科教授），被视为现代世界整形历史上最具影响力的人物之一。

3. 实践：西南整形外科援朝手术队

中国口腔颌面外科学的建立与抗美援朝有着密不可分的直接关系。1950年10月，中国人民志愿军赴朝参战。由于志愿军缺少钢盔，因此头面部创伤患者较多，需要颌面部专业医生处理，烧伤患者则需要烧伤整形专业的医生处理。当时的中国百废待兴，医务人员极度缺乏，这方面的专科医生更是凤毛麟角。这时，军委卫生部想到了华西大学牙学院教授宋儒耀。中央军委命令"组建一支援朝整形外科医疗队，由宋儒耀教授担任队长并负责选拔队员"。

此时，32岁的王翰章已经在华西口腔医院当了3年住院医师，是宋儒耀的弟子兼助手。宋儒耀从华西口腔医院挑选了包括王翰章在内的3名优秀的青年医生，又从华西附属医院挑选了当时的外科住院总医师当副队长，还选了一位骨科青年医生。另外，为了管理患者，选了一位病室护士长、一位手术室护士长和一位经验丰富的技工；从口腔医学院院办选了文笔很好的秘书。这样，由华西大学临床骨干组建的专科医疗援朝手术队成立了，正式名称为"西南整形外科援朝手术队"，与重庆的"胸腹外科手术队"合并称为"西南援朝手术队"。

1951年7月初，西南援朝手术队抵达长春市郊，医院设好的第二天，就有大量伤员不断被送来，这些伤员大部分是冻伤、爆炸伤、凝固汽油弹烧伤。从那天起，王翰章就和他的同事们不分昼夜地战斗在手术台上。

在奔赴抗美援朝前线的岁月里，王翰章一有空就在日记本中做些记录，这个日记本的扉页是当时已怀孕3个月的妻子在他临行前给他的赠言:"希望您学习白求恩的精神,实行救死扶伤的革命人道主义。在您光荣归来的时候,我们将有一个新中国的下一代欢迎您!"落款时间是1951年4月29日。时隔多年,这本红布包裹的硬壳日记本边沿很多地方已经破损,封面、封底与内页仅剩一根陈旧的棉线相连。

这本珍贵的日记是青年王翰章积极投身抗美援朝医疗救助事业的最真实写照。1951年7月3日,这一天是他正式投入抗美援朝医疗救助的日子,他不仅在日记中描述了当天与战友们离别的情景,还邀请战友们在本上留下了签名,虽然内心"离别情依依",但在家国大义面前,战士

▽ 王翰章1951年抗美援朝日记首页

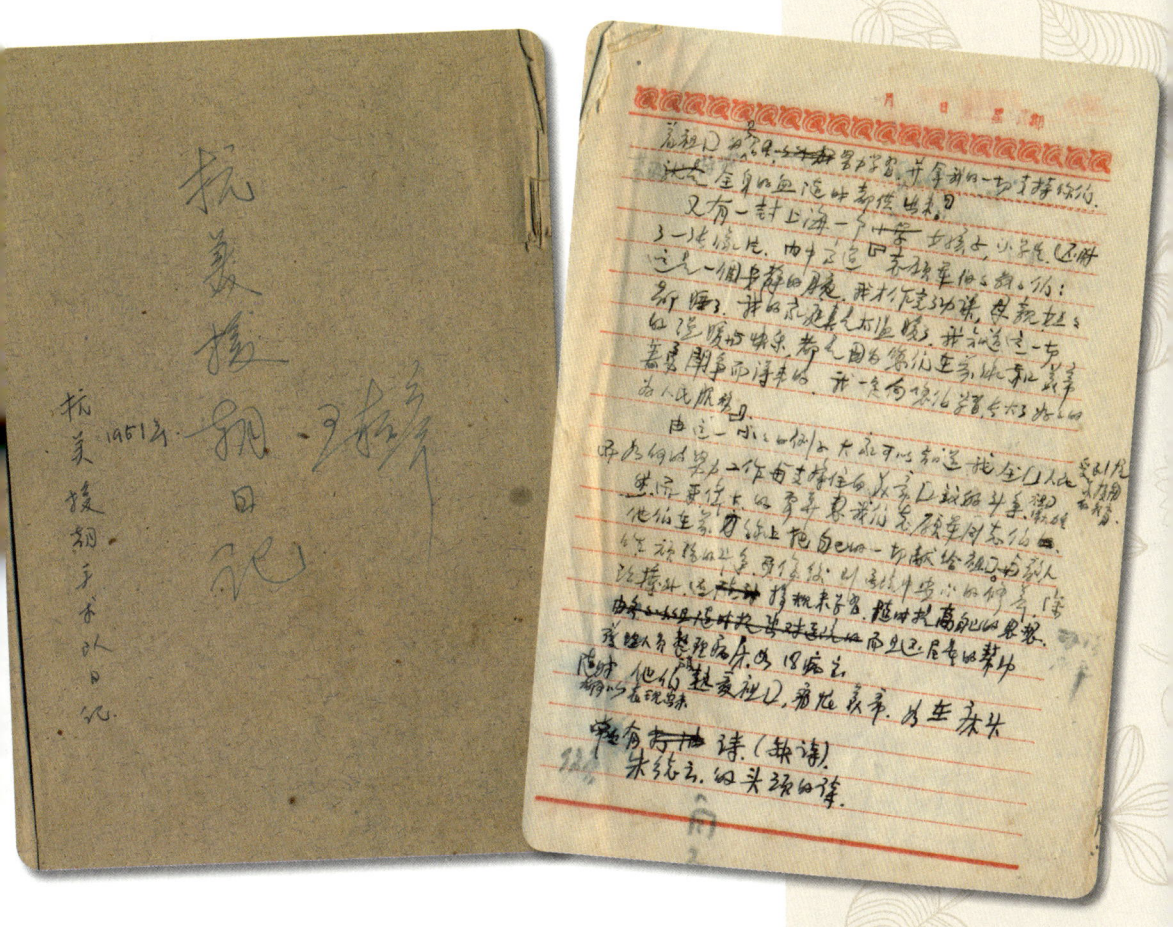

口腔颌面外科专家——王翰章

们保家卫国的伟大情怀更加令人动容。

> 七月三日（星期二）
> 今天就要离开沈阳，……国际医防第五大队今日起各分小队各自走上不同方向，离别情依依（一队去长春，二队去哈尔滨，三队过鸭绿江……）。天降大雨，午后4点乘军区第二招待所车去车站，浑身淋得通湿……今天，全体换上军装。

在抵达长春最初几天，王翰章等人参观了当地医科大学及医院，对当地医疗情况和医护人员、床位数有了较为清晰的认识。

王翰章在写日记时会记录伤员的病情及救治措施，如救治朝鲜战士的头面部炸伤，落笔之间仿佛在他的脑海中又重现了一次手术过程，在反思中不断积累经验。同时，他也不忘将一些令自己印象深刻的事情记录在本上，字数虽不多，但为我们展现了战时医疗的紧张场景。

> 七月二十六（星期四）
> 白最英，朝鲜战士，21岁，头部与上颌被炸伤，我将做他一个星期的大夫。
> 今天晚上我值班。
> ……

在1951年8月8日的日记中，王翰章曾记录了这样一个"伤员病历"，这位名叫孙盛庆的小伙子在得到王翰章的救治时，一言一行所透出的勇气一定触动了王翰章的内心，于是他将孙盛庆记录在当天的日记中，以表敬佩。

△▷ 王翰章1951年7月3日的日记片段及战友签名

口腔颌面外科学专家——王翰章

▽▷ 1951年7月4—6日王翰章参观医大的日记片段

▷ 1951年7月6—7日王翰章参观医大不同学院的日记片段

◁ 1951年7月6—7日王翰章参观医大不同学院的日记片段

◁△ 1951年7月26日—8月14日王翰章有关生活日常和战时医疗的日记片段

口腔颌面外科学专家——王翰章 101

八月八日（星期三）

今天是星期三，我洗手作两个患者，一为孙盛庆，20岁，右腿炸伤，改正瘢疤牵引。他是一个非常活泼的战士，非常的诚恳天真，在做手术时他说："大夫多割几刀吧，只要把我的腿改直。"他是在朝鲜穿山头时被炸弹炸伤的，每句话都代表勇敢的力量。

他说："不是你们来，我就残废了。"

此次手术用的局麻。

……

八月十日（星期五）

一天的手术。上午开始的是裂颚修补术（我作第一助手），此为软腭先天裂，修补法用 Wardill's op。

……

共有四个手术，晚上八点半才完。吃完饭后，我刚一出医院门，警卫员枪走火，仅差一尺之远就打伤了我，危险至极！

从一名单纯的口腔外科医生，转换成一名需要面对各种复杂高难手术的创伤修复与整形外科医师，王翰章深深感到肩上的担子变得沉重了许多。有太多的志愿军伤员需要救治，有太多自己未曾接触过的伤情需要处理，他希望每天能多出一段时间，好让自己去边学边干，尽可能快地提高业务技能，尽可能多地挽救年轻战士的宝贵生命。

作为宋儒耀的助手和援朝手术队的技术骨干，这段参加抗美援朝医疗队的经历对王翰章而言无疑是意义深远、影响重大的，近一年时间的高强度地从事头面部战争伤临床救治工作，使他得到了口腔颌面外科及整形外科基本技术的强化训练，对他的学术养成及临床科研主要方向的确定具有扎实的锻炼价值和直接的导向作用。

1952年春，王翰章所在的西南援朝手术队光荣完成了任务，带着由志愿军伤病员们签满名字的队旗英雄般地回到成都。

从20世纪50年代初期，王翰章开始致力于口腔颌面损伤与畸形整复的科学研究与临床实践，开展了口腔颌面部恶性肿瘤及颈淋巴联合清扫手术、牙颌畸形矫正手术、下颌骨切除立即植骨手术，在颌面损伤与畸形整复外科学、颌骨血供动力学、皮肤组织血供、人工骨生物学基础、口腔医学信息学等方面作出了突出贡献。同时，他还参与创建了新中国口腔医学教育体系，自1956年起参加历次我国口腔医学教育的方案修订、课程设置、学制等具体内容的制订工作，尤其是我国医学教育三年、五年、七年学制的规划工作，提出了在教学中"强素质、宽基础，重实践、求创新"的办学理念，是口腔颌面外科学教学实行"医学基础与口外专业并重，理论教学与实验教学并重"原则的积极倡导者和实践者，对推动我国高等医学教育改革与发展作出了巨大贡献。可以说，王翰章的奋斗历程就是新中国口腔医学和口腔颌面外科学及整形外科学发展的历史缩影。

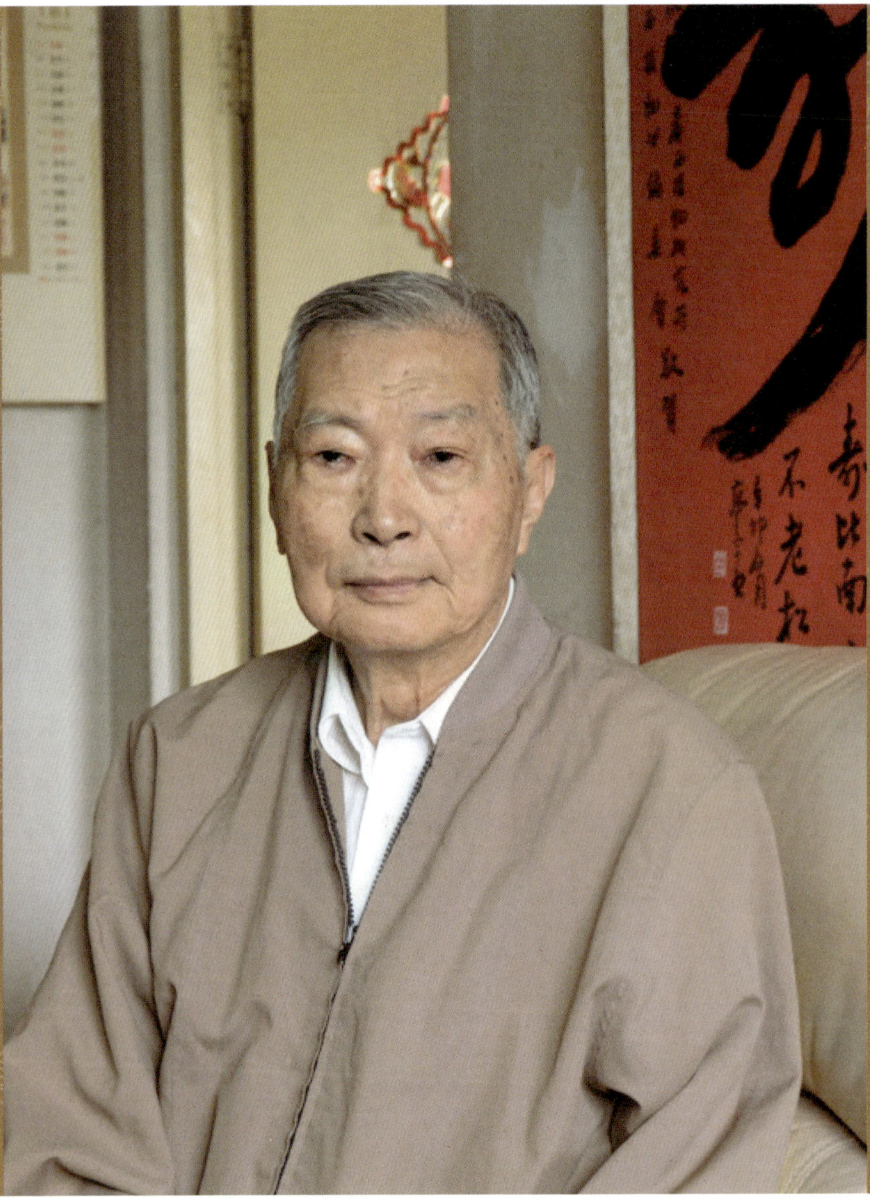

植物分类学家——王文采

王文采（1926.6.5— ），山东掖县（今莱州市）人。植物分类学家，中国科学院植物研究所研究员。1949年毕业于北京师范大学并留校任助教。1950年调入中国科学院植物研究所，此后一直在该所从事研究工作。1993年当选中国科学院院士。从事被子植物毛茛科、苦苣苔科、紫草科、荨麻科等系统学研究，发现20个新属600多个新种。对翠雀属、唐松草属、侧金盏花属、铁线莲属、楼梯草属、芝麻属、石蝴蝶属和唇柱苣苔属的分类系统作了重要修订，建立赤车属、微孔草属、后蕊苣苔属、吊石苣苔属等分类系统。组织并主持《中国高等植物图鉴》《中国高等植物科属检索表》的编著，参与编写《中国植物志》。

贤者有言，一个人到处分心，就一处也得不到美满的结果；就好比航海远行的人，必先定个目的地，指针总是指着这个方向走。当目标越接近，困难也就越增加，要把每一步骤看作目标，使它作为步骤而起作用。但愿每一个人都能从容地不断沿着既定的目标走完自己的路程。

——王文采

1. 初涉植物分类学，参编《中国经济植物志》

▷**胡先骕**（1894.4—1968.7），字步曾，江西南昌人。1912年进入美国加利福尼亚大学和哈佛大学学习农业和植物学。1948年入选中央研究院院士。植物学家和教育家，是中国植物分类学的奠基人。参编我国第一部植物学著作《高等植物学》。首次鉴定并与郑万钧联合命名"水杉"并建立"水杉科"；提出并发表中国植物分类学家首次创立的"被子植物分类的一个多元系统"和被子植物亲缘关系系统图。

▷**北京忍冬**是忍冬科忍冬属落叶灌木，高可达3米；冬芽近卵圆形，有数对亮褐色、圆卵形外鳞片。叶纸质，叶片卵状椭圆形至卵状披针形或椭圆状矩圆形，两面被短硬伏毛，下面被较密的绢丝状糙毛；花与叶同时开放，总花梗生小枝顶端苞腋，苞片宽卵形至卵状披针形或披针形，花冠白色或带粉红色，长漏斗状，裂片稍不整齐，卵形或卵状矩圆形，果实红色，椭圆形，种子淡黄褐色，矩圆形或卵圆形，4—5月开花，5—6月结果。北京忍冬分布于河北、山西南部、陕西南部、甘肃东南部、安徽西南部和浙江西北部、河南北部和西部、湖北西部及四川东部，是中国北方早春开花树种，是城镇园林绿化、农村退耕还林广泛栽植树种。

1950年，毕业于北京师范大学生物系并留校任教的王文采调入中国科学院植物研究所。王文采遵照时任北京师范大学生物系教授**胡先骕**所嘱，研究紫草科。1950年，植物研究所研究员吴征镒组织植物所相关研究人员集体编写《河北植物志》，王文采在此志中承担紫草科和茜草科的撰写任务。为了编写《河北植物志》，需要采集早春开花的植物标本，王文采承担了此项采集工作。当年4月初，王文采到房山县（今北京市房山区）上方山采集，采到正在开花的槭叶铁线莲、**北京忍冬**等植物。6月，他又到百花山采集。但因各种原因，该书编写最终未能完成，甚是遗憾。

与此同时，全国自然科学工作者代表会议于1950年8月18日在北京召开，刚入职植物研究所不久的王文采被委派担任会议工作人员。会后，中国科学院计划局和植物分类研究所利用京内外植物分类学家参会之机，于8月26日至9月1日在文津街3号科学院院部联合召开植物分类学专门会议。此次会议共有38位专家参加，京外主要有来自南京大学、四川大学、中山大学、金陵大学、西北植物所、哈尔滨农学院的多位知名学者。时任中国科学院植物分类研究所研究员兼所长的**钱崇澍**也参加了此次会议。会议主题是研究中国植物分类学的研究方针及计划，将编纂《中国植物志》这项总目标交由会议讨论。王文采在这连续的两个会议上看到了中国植物学事业的整体风貌，结识了植物学领域的专家，并知悉编纂《中国植物志》的任务。其后，他的研究工作大多围绕此展开。

1952年年底，中国科学院邀请农、林、卫生部门领导同志作报告，介绍各个产业部门对植物学研究方面的需要，以便安排工作，达到为生产服务的目的。翌年，植物所即派出黄河队、广西队、湖南队等综考考察队分赴各地考察。广西队由生态室、分类室及植物园的6名研究人员组成，王文采作为分类室代表参加，任务是调查橡胶树及奎宁树的宜林地。

参加广西队考察是王文采第一次到长江以南。在这次考察中，王文采主要是协助队长搞好宜林地调查和植物群落调查工作，并负责撰写报告，任务繁重。尽管如此，他仍然挤出时间解剖一些热带植物科、属的花，并绘制植物解剖图。此后，王文采还先后参加了江西、云南等多地考察，逐渐步入了植物分类学的研究领域。

1958年4月，国务院发布《关于利用和收集我国野生植物原料的指示》，全国各地迅速组织了以各省植物研究机构和商业部门为主，包括相关大专院校和轻工业部门共3万多人，进行大规模的资源普查和成分分析，采集标本约20万份。1958年12月10—17日，中国科学院召集各植物研究单位召开工作会议，决定在已有的调查基础之上，再组织一次更为广泛深入的普查工作，各研究机构担任所在地区普查及编写该省区经济植物志的技术指导。随即，中国科学院和中华人民共和国商业部联合呈文国务院《关于1959年开展野生植物资源普查利用和编写经济植物志工作的报告》，报告认为此次植物资源调查工作给编写全国经济植物志打下了良好基础，拟在各省区普查、汇编的基础上选出分布广、经济价值高的植物2000种，编写成《中国经济植物志》。1959年2月7日，国务院批准了这份报告，并转发各省区和有关单位参照执行。据此，1959年2—10月，中国科学院植物研究所抽调100余人组成7个普查队，完成了在河南、河北、山西、贵州、云南、甘肃、青海和

◁ 钱崇澍（1883.11—1965.12），浙江海宁人，植物学家，中国近代植物学奠基人与开拓者之一，中国植物分类学、植物生理学、地植物学、植物区系学创始人之一。1910年考取留美公费生赴美国深造，先后在美国伊利诺伊大学、芝加哥大学、哈佛大学学习，并获得伊利诺伊大学理学学士学位、芝加哥大学硕士学位；1916年回国。1948年当选中央研究院院士；1950年应邀出任中国科学院植物分类研究所研究员兼所长；1955年当选中国科学院学部委员（院士）；1959—1965年主持了《中国植物志》的编撰工作。毕生从事植物学研究、教育和组织工作。

新疆的重点普查,采集植物标本约6.8万份。

1960年,在全国野生植物普查结束后,植物所将编写《中国经济植物志》列为全所重点工作之一,王文采负责其中植物标本鉴定及《中国经济植物志》中淀粉类植物的编写。整个编写工作自2月13日开始,至4月25日基本完成。

王文采日记中对参编《中国经济植物志》这段经历的记录虽然极为精简,但记录了从编写的准备阶段到校对阶段的工作日程,从中可以看出,编写任务虽然繁重,但各组工作相互配合、有条不紊。

1月15日,下午开经济植物志会,我负责编写组。

1月19日,上下午与朱太平、王宗训拟规格等。

1月21日,上午讨论经济志组织、工作日程。

1月25日,去秦老家与朱太平讨论编写规格。

2月4日,我们到甘家口办公。西北崔友文、王振华来,吴所长到京,李华云到。

2月11日,讨论规格,这时汪加蒸、李锡文、王薇均到。黄秀兰病,我分到淀粉组。

2月13日,上午动员大会,晚吴所长定西藏标本。

2月17日,第一级名单决定,华中同志整理自己材料。

2月19日,晚经济志植物所同志开会。

2月20日,上午与崔先生到左安门大街食品所淀粉组。

……

2月25日,下午京外同志参观历史博物馆。傅立国来定裸子植物标本。

3月3日,吴所长返昆。

3月12日，上午到所调标本。经济志到了整理阶段，下星期分科打乱。

3月15日，曹子余回所挑标本。

3月17日，到科学出版社借禾本科图。

3月18日，上午回所挑绘图标本。

3月22日，上午与曹子余同志回所查 Index Loudienemia。

3月23日，吴所长返京。

3月24日，吴所长到所，定 Actinidiaceae（猕猴桃科）、Aceraceae（槭树科）。下午回所调标本。

4月14日，吴所长去沪。

5月3日，留下同志分工，我负责绘图、校对索引。

5月4日，向各协作区寄出绘图名单。

5月5日，寄回东北图42张，晚回所见大崔、张荣厚。从明天起半天绘图。

5月15日，校对索引，下午各组看定稿，明天大部同志离京。

6月11日，上午搞经济志图，准备星期一去科学出版社。

6月13日，下午同王秘书去出版社。

6月14日，同曹子余、刘芝芳到出版社写图注。

8月26日，上午开始校经济植物志淀粉类。

在《中国经济植物志》完成编辑、即将出版之际，联合办公室要求改为内部发行，此书并未得到广泛应用。

多年后，王文采依旧认为此书具有极高的使用价值，曾多次呼吁重新出版，并终于在2009年引起时任中国科学院植物所所长马克平的重视，当即拨付经费于2012年出版面世。

2. 厚积薄发：主持编写《中国高等植物图鉴》

1965年年初，中国科学院党委召开扩大会议，要求各研究所的研究工作应努力联系国家经济建设需要，做出成果。分类室认为《中国植物志》才出版3卷，各省、区植物志也很少，缺乏鉴定植物之工具书，致使各方面鉴定植物种类甚为困难，只好将标本寄到植物所，请求帮助鉴定。所以，"中国主要植物图说"这样的工具书是当前最为需要的，应编写这样的著作。1965年4月，植物所指定以王文采为首的10人成立图鉴组，投入此项工作，王文采是负责人之一。在王文采植物分类学研究起步之时，胡先骕就曾委以编纂图谱的任务，可以说王文采此前相关的工作经历在很大程度上推动了图说的重新编写，使之于1965年4月上升到研究室计划甚至是研究所计划，只是名称改为"图鉴"。

王文采说："关于这部著作的规格，我想仍采取此前'图说'的规格，有分种检索表。但崔、陈、邢等同志主张采取一图一说的规格，看图识字，以便查找使用，我妥协让步了，接受了他们的意见。这部著作名称确定为《中国高等植物图鉴》（简称'图鉴'），并确定选择种类的原则是分布较广、有经济价值、有学术意义的种类。初步拟出一个5000种的名录，决定全书分4册，争取尽快出版。于是，那年4月下旬左右，编写工作即紧张展开，进展顺利。到1966年5月，在一年多一点的时间里，已完成1册半的稿子。科学出版社了解到编著此书后，积极支持，在1966年1月派出编辑曾建飞先生到分类室来进行编辑工作。"

在编纂过程中，作为负责人之一的王文采不仅率先完成所承担部分，还组织所外人员参与编写，从1965年王文采日记就可以看出王文采为此项工作付出了巨大的努力与辛劳，工作计划、工作进度、讨论会及参会成员、各部分任务的完成情况等信息皆一目了然。

1966年，图鉴的编写工作曾一度被中止，直到1969年4月全国代表大会后，在全国范围内展开了一场中草药运动，方才给图鉴的编纂带来转机。王文采所在的植物所借植物分类学的优势，派人参与一些地区的中草药手册编写，对筛选、推广、利用中草药做了一些工作。这段经历对图鉴的编写是有所助益的，王文采被派往江西药检所工作时，因苦苣苔科植物的药用止血作用而产生兴趣。随后在1972年继续编写图鉴时，他还承担了苦苣苔科的编写任务，鉴定了植物所标本馆内苦苣苔科标本，并对具有止血功效的苦苣苔科植物进一步做出推断，认为是**大叶石上莲和浙皖粗筒苣苔**。

◁ **大叶石上莲**，是苦苣苔科多年生草本。茎极短。叶丛生，长达19厘米；叶片椭圆形或卵状椭圆形，长8—12厘米，宽4—6厘米，花冠紫色，分布于广东、广西。全草可供药用，主要治疗跌打损伤，也可用于止咳。

◁ **浙皖粗筒苣苔**是苦苣苔科、粗筒苣苔属多年生草本植物。分布于中国浙江西南部、安徽南部、江西东部及福建。生长在海拔500—1000米的潮湿岩石上及草丛中。主要用于治疗皮肤炎症、麻疹、毒蛇咬伤和烧烫伤。其花和总苞的外形奇特，可供观赏。在中国南方一些地区也可作野菜食用，其叶味鲜美，略似莴苣。

植物分类学家——王文采　113

△▷王文采 1965 年 5—6 月的日记片段

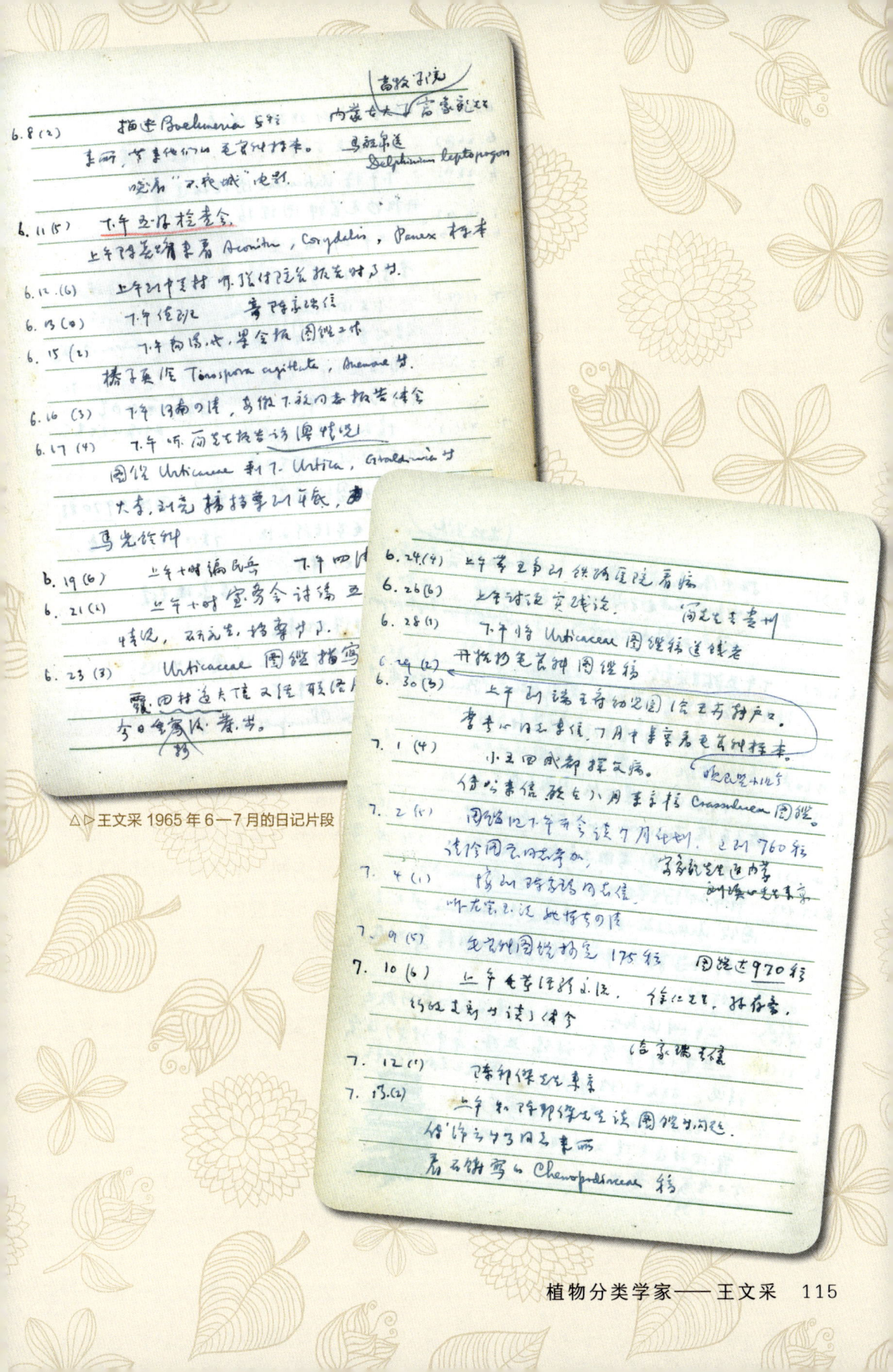

△▷ 王文采 1965 年 6—7 月的日记片段

3. 实践出真知：考察广西植物

▷ **冯晋庸**（1925.3— ）江苏宜兴人。1948 年入北平研究院植物学研究所从事植物绘图，随即转入中国科学院植物分类研究所，参与《中国高等植物图鉴》《中国植物志》等多部著作的绘图工作。

1968 年，中国人民解放军某军马草研究机构与中科院植物所和广西植物所联系，合作编写一本《热带军马草图谱》，王文采受命和绘图室**冯晋庸**奔赴广西，参加此项实地考察工作。这是王文采第二次到广西。3 月 18 日，王文采、冯晋庸与部队军人钟毓一同离京，与广西植物所的韦发南、覃灏富于桂林汇合后，到宁明县那楠十万大山山区工作了 10 天。

从那楠到龙州，王文采可谓是旧地重游。离开龙州后，到达中越边境的水口镇，因为考虑到这里植被极为茂密、种类丰富，最适合考察。王文采看到了野生的龙眼、榕树和构树，还看到了此地特有的长柄藤榕，这些具有地域性的植被非常具有研究价值，因此，他们一行人决定在这里工作至 6 月下旬。

或许是因为此行有绘图室冯晋庸的加入，王文采在此次野外考察中记录的内容比以往日记更为详尽具体，并且图文并茂。在广西考察的 3 个月里，王文采不仅详细记录每天的行程，还把一些日常生活写进日记，在遇到需要记录的植被时，还将其形态绘制在本子上。

4 月 8 日，到那陶大山。我爬到中午，感到累，同时右腿膝盖痛，怕下坡困难，我先返回，沿公路下坡，后经一缓坡松林，在四时返回那陶。

4 月 10 日，今日在家休息，定明去桐棉。如何去爱店，走小路还是走公路到"板楂"转爱店，

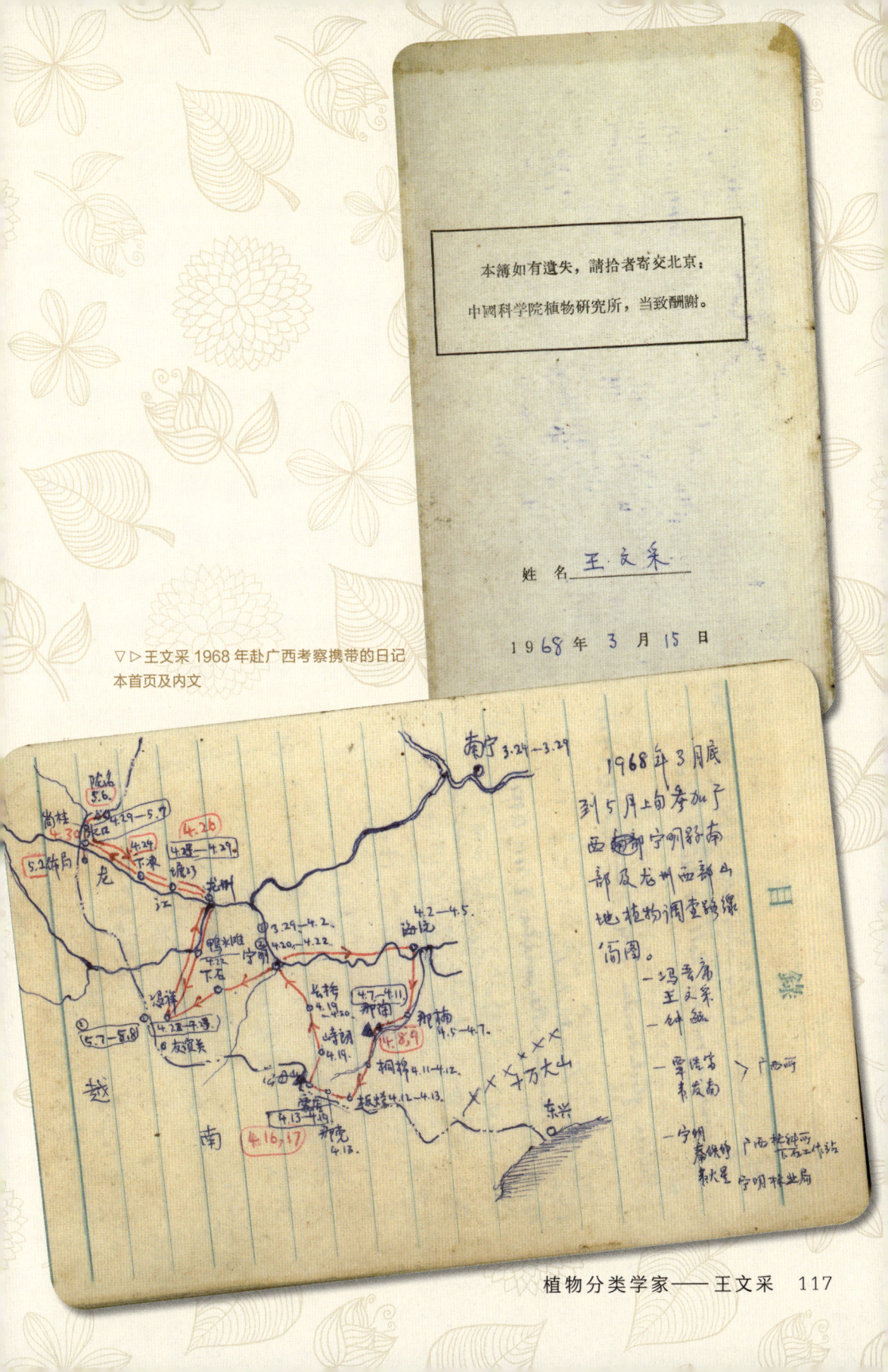

▽▷王文采1968年赴广西考察携带的日记本首页及内文

植物分类学家——王文采

讨论了一番。早上泻肚二次，右腿关节炎见轻，走起来仍感微痛，左腿小肚子发酸，是前日爬山疲乏之故。晚间，韦发南同志教男女青年唱歌《长征》，我拉胡琴伴奏。老韦还教青年吹树叶，是老韦的绝技。

4月11日，那陶38里桐棉，晨落雨一阵。覃、韦5时20分就起来做饭。早上又泻肚。8时10分离那陶。9时半近40公里，沟谷林保存甚好。……桐棉似较那陶为低，天阴，微风吹来甚为凉爽，穿上毛衣都不觉热。走了一天，腿有好转。

4月15日，因雨未上山，一天间断小雨，公母山在云雾中。今天有墟，越南农民不少，挑来甘薯最多，其他有金银花、兽皮等。下午一时许墟就散了。老冯画了 *Ficus gibbosa*。晚演《小兵张嘎》，边防站请来越南人民军及农民，8时半开始，近11时结束。

……

▷ *Ficus gibbosa*，即绞杀榕，植物分类为桑科、榕属、斜叶榕种，主要分布于广西、广东、云南、贵州、福建、台湾等地，其生存环境多在南方热带雨林中。其根、皮、叶可入药，性寒，味苦，具有清热、消炎、解痉的功效。

此次赴广西，王文采的主要任务是做军马草调查。也许是因为相对远离政治中心，也许是因为此次任务压力较前几次略小，王文采在日记中的记录多为记事叙事，从日记行文上可以感受到难得的一丝悠闲气息，考察日记堪比一本手绘版教科书，图文并茂，栩栩如生。

王文采在植物分类学领域的研究生涯长达六十余年，先后从事被子植物毛茛科、苦苣苔科、紫草科、荨麻科等系统学研究，发表20个新属600多个新种；组织并主持《中国高等植物图鉴》《中国高等植物科属检索表》的编著，

△▷ 王文采 1968 年 4 月 1—3 日的日记片段

◁△ 王文采 1968 年 4 月 8—15 日的日记片段

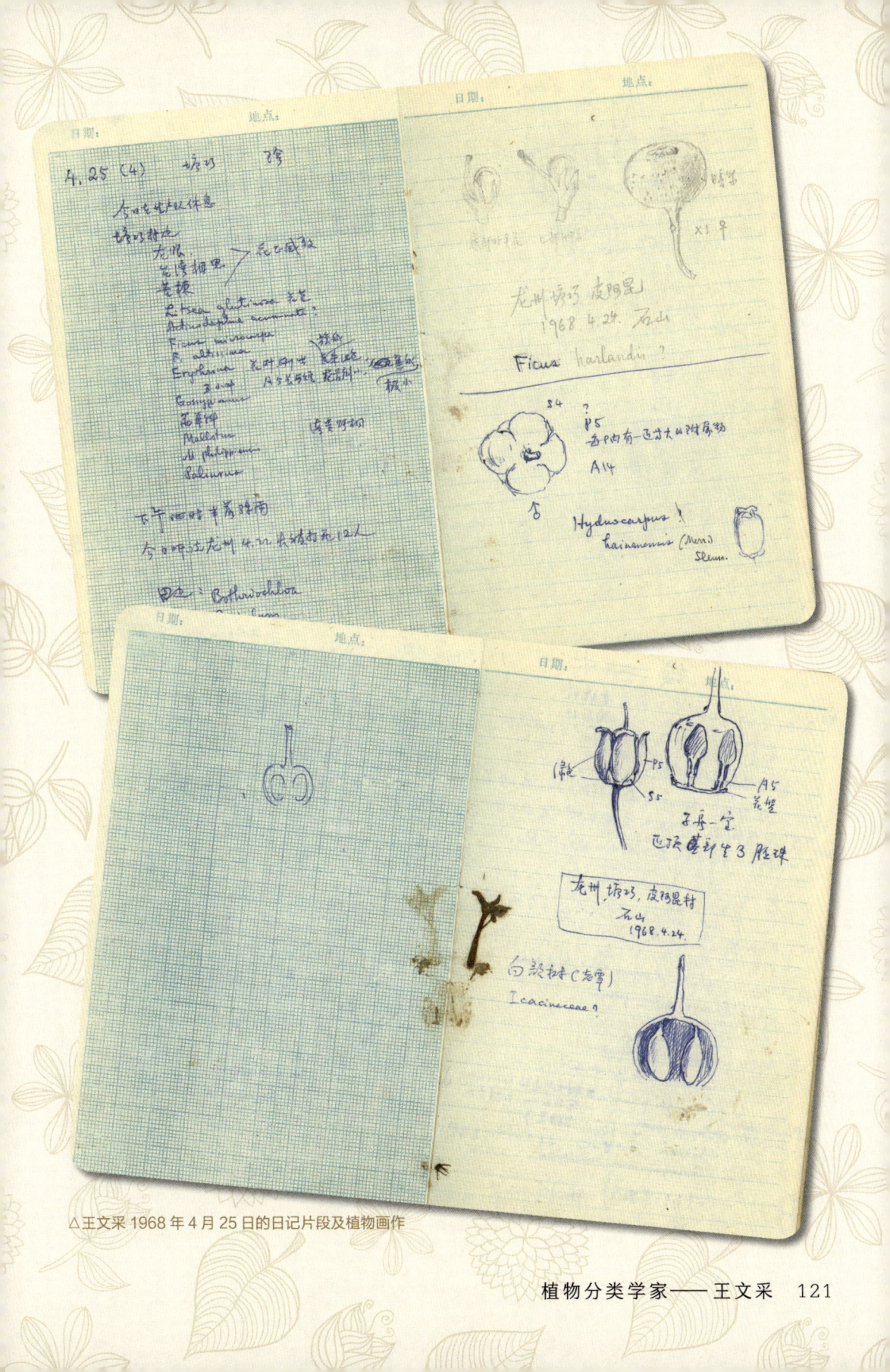

△王文采 1968 年 4 月 25 日的日记片段及植物画作

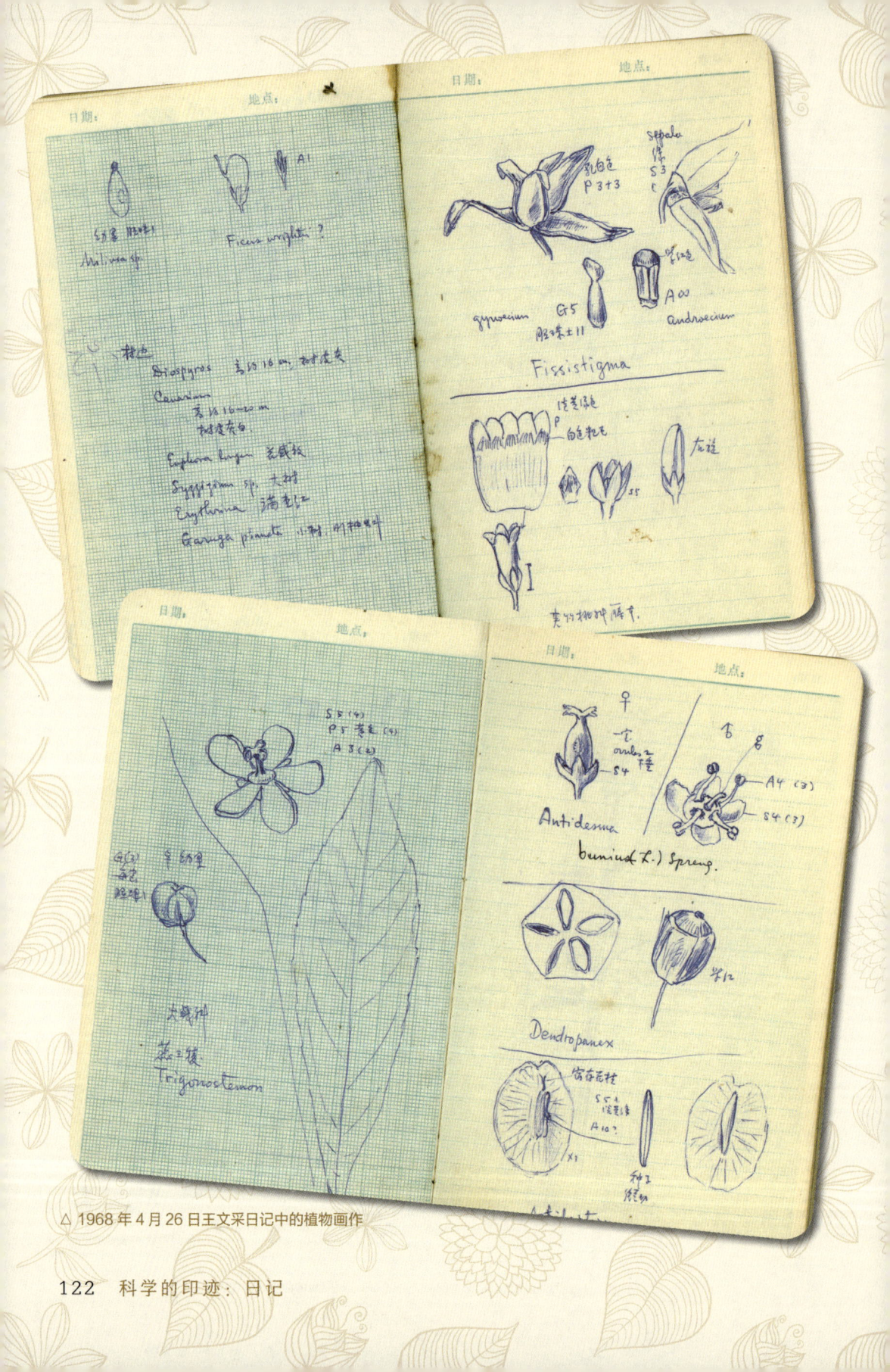

△ 1968年4月26日王文采日记中的植物画作

参与编写《中国植物志》等著作；曾多次参加野外考察、植物标本采集等活动，在探明中国植物的种类、分布状况、经济用途等方面作出了突出贡献。他的一生都遨游在植物王国的世界中，植物分类学、植物标本早已成为他生命的一部分。

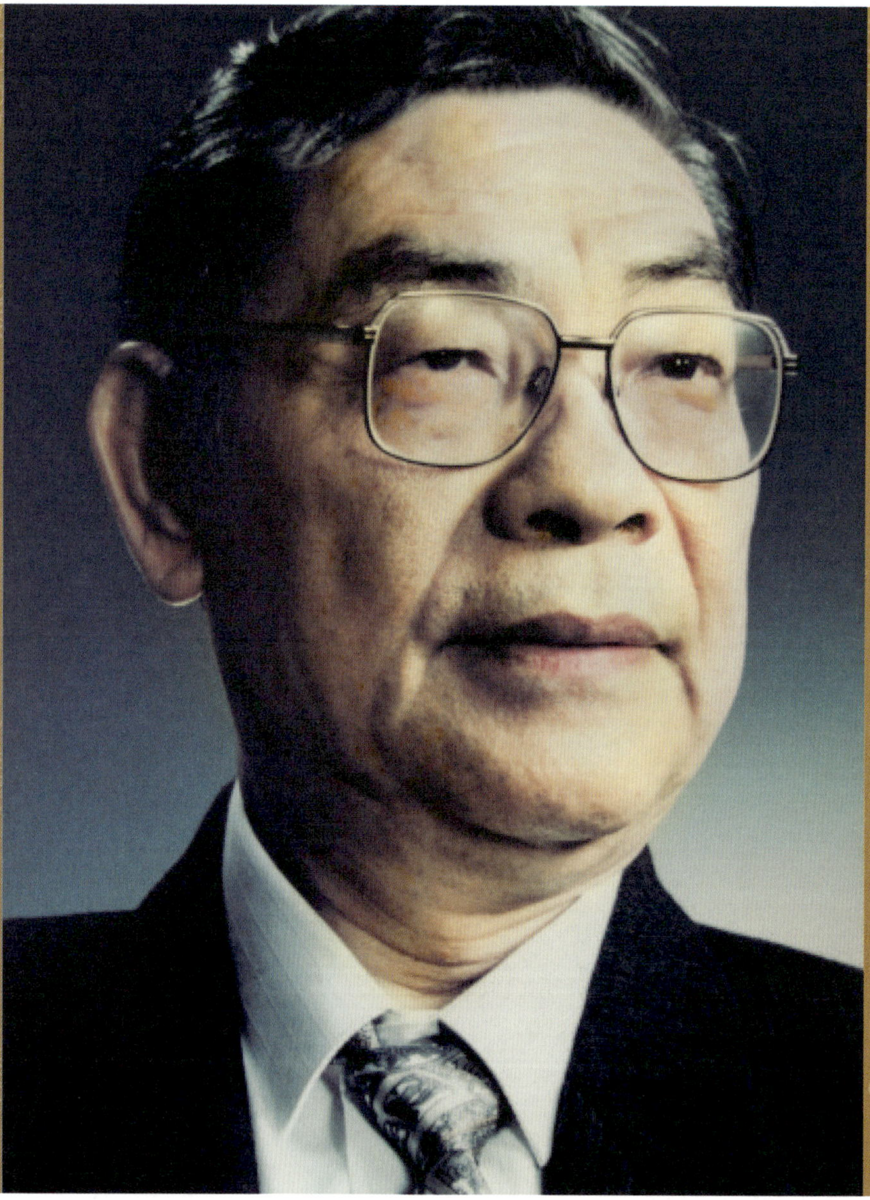

水利工程专家——文伏波

文伏波（1925.8—2020.10），湖南省桃江县人。中国工程院院士，水利工程专家，水利部长江水利委员会教授级高级工程师，长江水利委员会科学技术委员会顾问。1948年毕业于国立中央大学。早期参加荆江分洪工程和汉江杜家台分洪工程设计，参与组织编写《平原地区建闸设计手册》。1957—1982年作为汉江丹江口水利枢纽和长江葛洲坝水利枢纽设计主要负责人，参与了工程设计建设的全过程。获1985年国家科技进步奖特等奖、国家优质工程优秀设计奖。1984—1990年负责组织编制长江流域规划综合利用报告。1994年当选中国工程院院士。2003年，进入长江水利委员会科学技术委员会工作。

水利工程具有投资大、工期长、参建单位专业多、部门广的特点，与其他纯粹的理论科学不同，它从来都是集体智慧的结晶，个人永远只是集体这个汪洋大海中的一颗水滴。

——文伏波

1. 抹不去的成长之痛

文伏波是家中四兄弟中的老四，备受父母和兄长宠爱。凭借父母的勤劳、大哥和二哥辍学挣钱、文姓祠堂奖学金的资助、三哥的引导和帮助，文伏波得以接受良好的基础教育并顺利考入国立中央大学工学院水利工程系。文伏波的父亲是旧制高小毕业，在乡下常为乡民排忧解难。每到春节，接受过父亲帮助的乡亲们常到他家来送礼，表达谢意。文伏波一家在父亲刚分家的头几年无处居住，常住文氏祠堂或庙宇。

贫寒的家境令幼小的文伏波暗下决心，一定努力摆脱这种贫困局面。父母也反复叮嘱文伏波，仅靠家里为数不多的田产养活全家是不可能的，要努力读书、改变命运。

文伏波读高小期间，他的父亲利用大儿子在书店当学徒的关系，赊取书籍和笔墨纸砚等文具，下乡销售后再到书店归还赊账。这种小买卖，父亲一直坚持做到抗战开始。由于聪明勤劳，父亲的书籍文具生意逐渐扩大，全乡差不多一半的书籍文具都由文伏波的父亲供应。即便如此，供孩子们上学，仍捉襟见肘。1937年2月，国民政府行政院公布修正《保甲条例》向全国范围内推行保甲制度。文伏波的干外公为人浑厚，此时正在里总（相当于乡长）任内，他提升文伏波的父亲作团总，即第一任保长。

1937年7月，文伏波考进桃花仑信义初级中学。在信义初级中学就读期间，他的父亲利用保长职务促使文氏族长会议决定，只要族中子弟升入初中和高中，便用祠堂公产为族中子弟提供辅助奖学金。这种祠堂公产奖学金制度在当时的湖南较为常见，为族内贫寒子弟接受教育开启了方便之门。此后，文姓祠堂公产奖学金制度为文伏波兄弟俩（文伏波和他的三哥）提供了教育所需费用的一半。直至抗战后期，入中学读书的文姓子弟只有文伏波兄弟俩。

1939年，文伏波的父亲早年转给三伯父经营的杂货店因三伯父的去世而被迫歇业，他的父亲辞去保长之职，利用少量的积蓄和借贷的一部分资金接管了杂货店。此后，直至20世纪50年代初土地改革时，父母一直经营着该杂货店。由于负债过多、利息过高，文家依旧处于入不敷出的状态，直至土地改革时期，债务仍未还清。

如果说自小家境贫寒、生活艰难是文伏波的成长之痛，那么，1950年3月父亲的去世则是他一生难以释怀且不愿提及的痛中之痛。随着父亲的去世，此前多年经营的杂货店也随之折价抵偿清算。

父亲去世后，文伏波深觉"母亲可怜，且年老多病，生活无法维持"。对于母亲，文伏波有着说不尽的感恩和牵挂。1953年6月，文伏波的三哥接母亲到青岛照看孩子，他的大哥送母亲到青岛时，在武汉停留数日，文伏波匆忙去接母亲，在1953年6月15日日记中文伏波记录下见到母亲时的场景，令人潸然泪下：

> 十点，大哥突然出现在我面前，不胜惊喜，我以为他们要在星期二到来的，竟连床铺等均未作准备，匆忙去见母亲。6年不见的老母，坐在一家小铺店的小凳上，鬓发已苍，手足消瘦，几乎认不到了。我在她面前叫了一声，母亲抚摸着我的手，用微弱的声音答应了，接着就淌出眼泪来了，我心里非常难过，免作笑容，竭力用话安慰。母亲是坚强的，很快收住了泪水，问我们情况，一句也未提及父亲之事。
>
> ……

一周后，文伏波送母亲上了去青岛的列车。送走母亲后，他在日记中再次表达对母亲的爱：

……母亲一天都不自然，昨晚一晚未入眠，今天要分别了，但她表面毫不流露，怕我难过。伟大的母爱勾起了我幼年的恋母之情，心酸不已。送他们上车，我依依不舍，母亲一言不发、时刻看我，用最大的忍耐强为镇静。车移动了，我才惊悟要下车了，母亲用非常庄严的面容，严肃的、慈爱的目光在车移动的片刻，紧紧地注视着我，我向她挥手，瞬息就见不到了，我想她一定在流泪了。我坐上三轮车，禁不住眼泪直流，怕人看见，低着头，强自抑制，直到二中附近方停住了哽咽。可爱的母亲啊，我要用加倍的努力，争取进步，更多的（地）为人民服务，更好的（地）注意身体，来报答您如三春之晖的伟大的母爱。

由于家道艰难，文伏波的父母一生辛苦备至，他们为了让三子和四子接受教育，不得已让长子和次子辍学。为了三子和四子能完成学业，文伏波的父亲促成了文姓家族公产奖学金制度的建立，该制度同时惠及了所有接受中学及中学以上教育的文姓子弟。文伏波每每忆起此事，都万分肯定父亲的这一举措，言辞之中、神态之间流露出自豪。遗憾的是，子欲养而亲不待，每忆及此，文伏波痛苦不堪、默然无语。

△▷ 文伏波 1953 年 6 月 14—22 日的日记片段

水利工程专家——文伏波

2. 坚定工科求学，情系水利事业

1937年7月，文伏波高小毕业时，恰逢"七七事变"爆发。由于政局动荡，益阳县（今益阳市）的7所县立高等小学的毕业生不得不全部挤报益阳县内唯一的一所中学——湖南私立信义中学（今湖南省益阳市第一中学，简称"益阳一中"）。1940年初中毕业时，父亲让文伏波报考师范院校，由于不愿教书，文伏波自己做主赴安化蓝田（今湖南省娄底市涟源市）考取了湖南省长郡联立中学（今湖南省长沙市长郡中学）。

刚入学不久，文伏波便决定学理科，将来上大学报考工科，促使他做出这一决定的原因有三：一是三哥比他早一年考入长郡联立中学，三哥的物理学得非常好，选择了学理科，他的几个要好的同学也学理科；二是他觉得读师范院校出路不大，工科能够凭真本事吃饭；三是他立志学业有成，到工厂做事后把亲戚们带到工厂做技工，如有余力还要介绍其他穷苦青年乡亲到工厂当技工，帮他们摆脱穷困。

文伏波高中三年成绩总评第一，他对于考大学信心满满，可拮据的家庭经济状况又让他不免为前途担忧。天无绝人之路，恰逢国民党政府宣布读工科可以享受全公费待遇。文伏波与湖南其他高中毕业生一样，参加了湖南省高中毕业会考。为了实现工程梦，文伏波还另外报考了国立中央大学和湖南大学（当时他只知道这两所大学）。

1943年8月，文伏波一日之内收到三份大学录取通知书，分别是国立中央大学、湖南大学水利工程系、保送湖南大学水利工程系的通知书各一份。因仰慕中央大学的名气，文伏波选择了国立中央大学。

文伏波在国立中央大学水利工程系就读时，水利工程系尚未细分专业，数学、物理和水利工程的各类专业基础课程都得学，功课任务繁重，文伏波到了两耳不闻窗外事的程度。当时国立中央大学的教学与国际接轨，部分课程教材使用影印的西文（主要是英文）原版教材，老师讲课也夹杂着英语，新成立不久的水利工程系教材更是西文原版居多。文伏波在这里接受了系统的专业教育，并拥有了扎实的英语功底，这为他后来的工作和自学提供了极大的便利。

1944年6月18日日军占领长沙，8月8日衡阳陷落。报纸、广播等新闻媒体纷纷宣传"一寸山河一寸血，十万青年十万兵"的口号，一时燃起了无数爱国青年的报国热情。文伏波想到几个叔伯兄弟战死抗日前线，经过激烈的思想斗争，他决定弃笔从戎，奔赴抗战前线。1945年8月15日日本投降后，文伏波才又几经转折、历尽艰辛于1946年10月复学南京中央大学并完成了大学学业。

文伏波曾回忆说，他高考填报志愿时选择水利工程系是受到高中长郡联立中学校长兼地理老师**鲁立刚**的影响。

> 我选择水利工作，是受了高中地理老师鲁立刚的影响。他讲授的《地学概论》，谈到气象、水资源等问题，谈到西北边陲飞沙走石、水贵如油。讲《建国方略》中三峡水利资源开发，觉得很新鲜，使我与水利结下不解之缘。报考大学时，我填的志愿是水利工程系。

大学期间，南京中央大学曾安排文伏波到南京军事接管委员会下属的教育委员会大学专科部担任秘书工作，接到通知的文伏波规划：通过近3个月的工作磨炼，积累一些办事经验，学会做事本领，然后再回到水利岗位上去。

◁ **鲁立刚**（1897.9—1985.7），浏阳县东门市人。1917年，自长郡中学毕业后考入武汉高等师范博物地理系。1921年毕业，随竺可桢到南京东南大学（原中央大学，今南京大学前身）任助教兼江苏农业学校气象教员。1930年，成为湖南气象事业的创始人。他以地质地理、天文气象造诣甚深而名震教坛，著有《地学概论》《中外地理》，被湖南省各中学作为地理教材。

文伏波和同班同学一心想从事水利专业方面的工作，当水利部派人到南京接中央大学水利系毕业的学生去东北从事水利工作时，文伏波提出申请，但未被批准。1949年9月，文伏波被派到南京军事接管委员会水利部扬子江水利委员会下游局实习，开启了他梦寐以求的水利职业生涯。

> 我参加复堤规划，堤线查勘，目睹灾后惨状，真是哀鸿遍野。一次抵达江西彭泽县，想改善一下伙食，走遍全城竟没有买到肉。复堤工程是以工代赈方式进行，加上解放军的参加，当地的县长、县委书记都在现场指挥，与民工同吃同劳动，组织得有条不紊，场面十分感人。这次查勘，我体验到长江洪水是心腹大患，水利是安邦定国的事业。

从1950年1月19日文伏波参加会议的记录可以得知，在实习期间，他对荆江及其右岸四口分流尤其是虎渡河分流的状态和水文情况，荆江右岸地势高低、**垸田**情况、湖泊的分布，荆江右岸干堤、四口分流的支堤和横堤，荆江分洪闸和排水闸的分泄流量及其计算方法等已有了初步的了解，为他日后参与荆江分洪工程的设计和施工，尤其是北闸的设计和施工，奠定了一定的基础。1950年5月，文伏波调入长江水利委员会规划处设计科做技术员，先后参与了荆江分洪工程北闸、汉江下游杜家台分洪工程的设计与施工，是丹江口水利枢纽工程和葛洲坝水利枢纽工程现场设计的主要负责人之一。

▷ **垸田**，亦称圩田、围田、基田，是指沿江、滨湖的低洼地区临水筑堤，堤内外开灌排沟渠的农田。在江浙太湖流域及安徽、江西称为围田、圩田；在湖南、湖北地区称垸田、围田；珠江流域称围田、基田。

3. 参与设计荆江分洪工程北闸

荆江大堤规模浩大，新中国成立之初，国家经济困难，欲加高培厚荆江大堤使其达到防御较大量级的洪水标准，绝非短期可实现。在这种情况下，长江水利委员会主任林一山提出，在加高培厚荆江大堤的同时修建荆江分洪工程，实为减轻洪水对荆江大堤威胁的良策，目的是保证在 1949 年同等水位情况下，荆江堤防不发生溃决。中南局代书记邓子恢大力支持建立荆江分洪区，认为此方案照顾了湖北、湖南两省的防洪利益，同时也为治理荆江赢得了宝贵时间，并迅速将长江水利委员会编制的《荆江分洪工程初步意见》呈报给水利部和党中央。1950 年 10 月 1 日，毛泽东主席批准建设荆江分洪区。

当时，文伏波参与了北闸的设计，并兼任北闸施工指挥长任士舜的秘书和北闸质量检查组组长，这是文伏波设计水利工程生涯的开端。北闸是国内第一座大规模的水闸，其设计没有任何经验可以借鉴，北闸的成功标志着文伏波在水利工程设计事业上迈出了坚实的一步。

北闸设计分洪流量达每秒 7000—10000 立方米，北闸不仅是文伏波，也是长江水利委员会乃至全国水利界的同行们，首次遇到的第一项较大的水利工程设计工作。彼时，新中国的水利工程处于起步阶段，北闸的设计工作对所有的设计人员来讲都是一次巨大挑战。文伏波总结了如下五大设计难点：第一，资料缺乏，试验手段简陋；第二，存在地基软弱和沉降不匀问题；第三，闸墩的承受力问题；第四，北闸最东端和最西端的两个闸墩与土堤衔接，技术处理困难；第五，在软基上面做消能池相当麻烦。

1952年3月26日，在党中央和周恩来总理的催促下，北闸工程正式开工。4月5日，一期工程全面开工，为了指导施工和监督施工质量，全体设计人员都开赴现场，分头担任施工技术工作。文伏波作为北闸指挥长秘书兼北闸质量检查组组长，就住在拌和机房的竹棚内，整天泡在施工现场。

　　1952年6月20日，荆江分洪工程第一期工程全部竣工。其中，北闸工程竣工历时85天。荆江分洪工程的主体工程比预计竣工时间提前了15天，创造了新中国的第一个高速度工程。

　　文伏波十分注重发扬民主、发动群众、集思广益，还时刻关注水利部和其他兄弟单位的水利工作经验总结，并从中汲取经验教训，在其工作笔记和日记中留下了这方面的大量信息。1953年5月29日，文伏波在学习水利部1952年全国水利工作总结时，在日记中这样写道：

　　　5月29日　星期五　晴　夜雨
　　……阅中水部总结报告，1952年水利工作方面存在缺点。首先是思想作风上存在着主观主义与贪多性急的毛病，对中国水灾根源的严重性和根绝水灾的长期性与困难性认识不足，因之，立即提出了由消极的除害转向积极的兴利，这是不够恰当的。因可能会降低对水灾的警惕性，荆江分洪工程是贪多性急的典型例子，工程任务超过主观力量，工作极为被动吃力，缺点很多，浪费也很严重。在规划设计方面也还有相当严重的盲目性，主要表现在不少的工程没有全盘打算、缺乏流域规划，具体设计大部分是不完整的。在编制计划时，没有抓紧实行经济核算制，没有找出各种技术定额，花钱多少，摸不到底。在施工方面，未深

△▷ 文伏波 1953年5月28—30日的日记片段

入下去，没有总结经验，没有学会一套工作方法，对工地缺乏具体指导，有计划有系统地组织群众学习苏联和推广苏联先进经验做得不够，学习苏联、学习群众的方向还未能在广大基层干部的思想中巩固起来。

今后要加强检查工作，一切水利工程在制定任务书以前，必须先做出流域规划，配合长期水利建设，本年集中力量研究黄河与汉江治本问题及淮河流域的内涝问题。

……

1954年夏，长江流域发生百年一遇的大洪水，川江先后出现较大洪峰5次，荆江河段于7月下旬至8月中旬出现了3次较高洪峰。当时，荆江大堤存在大量隐患，先后发生险情2000多处。为确保荆江大堤安全，中央批准，7月22日—8月22日荆江分洪工程三次开闸分洪，降低荆江水位0.96米，分洪总量122.6亿立方米，解除了洪水对荆江大堤的威胁，也减轻了洞庭湖区的洪水负担，对保卫荆北平原、延缓武汉洪峰、减轻洞庭湖灾情发挥了重要作用。

经历了荆江分洪工程的设计和施工之后，文伏波初步学会了组织大型工程设计的工作程序和工作方法，已能通过处理好专业与综合的协调、制约关系达到整体优化。他深切体会到设计人员必须深入现场，熟悉施工、制造、运行，才能做出符合实际的优秀设计。同时，他也认识到物理模型试验在水利工程研究方法上的重要性。这些都为日后参与杜家台分洪工程奠定了良好的技术和管理基础。

为了提高业务水平，文伏波广泛听取与设计有关的专家讲座和报告，如"长江流域概况""房屋地基的天然承载力"，学习水利部有关设计会议的报告、施工组织设计报告、安徽佛子岭水库施工报告、内荆河流域查勘报告、荆江未了工程查勘报告，了解排水系统问题、洞庭湖工程计划、武汉防汛经验等。其间，他把地基的承载力、塑性理论、设计标准化、三线测绘法等设计理论问题和施工组织设计作为重点学习内容。文伏波还组织设计科的员工向苏联专家学习，从其1954年3月6日的工作笔记中可以看出，文伏波召集设计科员工开会，讨论他所拟定的向苏联专家请教的目录。

3月6日　科长工程师会议

1. R.C结构裂缝的处理与防止的问题，设计及施工的原因，水闸的哪些部位应进行防止裂纹的计算？底板厚度决定于什么因素？浮托力、弯矩、裂纹？

2. 底板如何计算？a.如何切条？b.相邻结构？c.形变模数？

3. 挡土墙底板。

4. 底板上的消力槛的震动、动作用如何考虑？

5. 两侧防渗。

6. 相邻结构的允许沉陷差如何规定？

荆江分洪工程53年报总结：

土方工程完成的条件：①抓紧农业间隙结合中心工作，适当组织劳动力进行工作；②做好准备布置；③交清"工程""工资""工期"三底，及时开好群众代表会。

存在问题：①渠道过湖泊处未疏，流速不畅，要求小型挖掘机开疏；②出闸尾渠落淤问题：改道花土方多拟在龟山坝外，排水井按60米宽，做引堤1000米长以免回水淤塞；③对周家厂、营家桥仍须设计控制上游渍水，要求建闸。

△ 文伏波1954年3月6日的工作日记片段

△ 文伏波1954年3月6—8日的工作日记片段

文伏波还时常在日记中记录政治学习的感想，并将国家大政方针落实到具体工作实践中。他对我国1954年过渡时期的特点进行了总结，然后联系水利工作实际提出问题，并思考相应的解决对策。

> 3.8下午　林主任检查总路线在专要会。
> ……
> 过渡期更应该集中力量来发展重工业，恢复国民经济时期是从农业入手，我们水利工作为农业服务的观点不明确。
> ……

此外，文伏波还制定了设计科的月计划、周计划并具体落实执行，慢慢地，他逐渐领悟到管理工作的诀窍所在，为日后走上更重要的领导岗位奠定了基础。他总结说："开始计划管理工作，是我工作学习中的一个转折点，工作慢慢熟悉，通过计划管理也摸到了方向。"他开始逐渐发现生产过程中的关键所在，能够主动发现问题并提出改进办法。

随后，文伏波参与了1955年1月—1959年7月的《长江流域综合利用规划要点报告》的编制工作，主持了20世纪80年代长江流域规划（1990年修订）的编制工作，成为21世纪初第三次编制长江流域规划的倡导者之一。

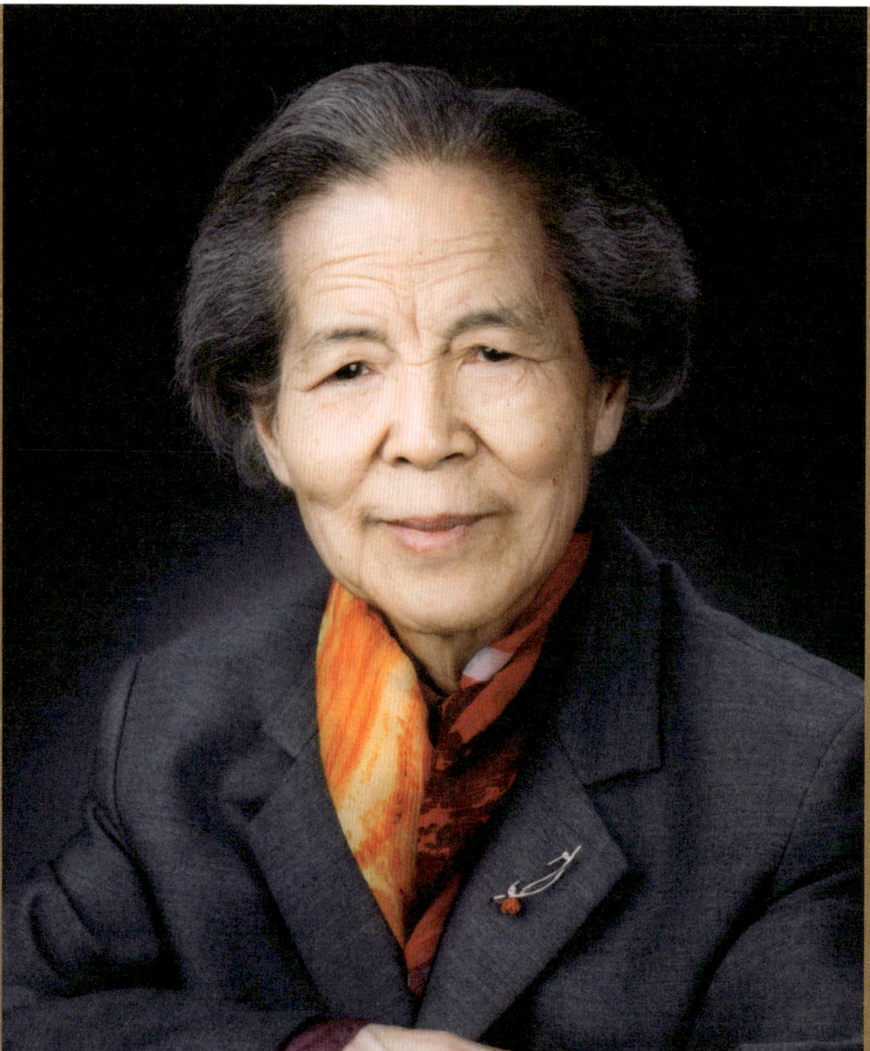

生物化学家——张树政

张树政（1922.10—2016.12），河北束鹿人。生物化学家，中国科学院院士，我国第一位生物化学领域的女院士。1945年于北京大学毕业后留校任教，1954年进入中国科学院菌种保藏委员会（中国科学院微生物研究所前身之一）工作，主要从事黑曲霉、白地霉、红曲菌淀粉酶、糖苷酶及糖生物工程研究。20世纪50年代初分析比较了酒精工业不同种曲霉淀粉酶系的组成，确定了黑曲霉的优越性；60年代初阐明了白地霉的木糖和阿拉伯糖的代谢途径，纯化了木糖醇脱氢酶并证明为诱导酶；发现白地霉中有甘露醇，阐明了其合成途径；发现并纯化了NADP-甘露醇脱氢酶；70年代初首次得到红曲霉糖化酶的结晶，研究发现不同分子型有构象差异并证明由糖基化引起；80年代选育出β-淀粉酶高产细菌，其活力当时在国际上领先；首次发现了有严格底物专一性的β-D-岩藻糖苷酶。

作为我国第一位生物化学领域的女院士,张树政一生辛勤耕耘,默默奉献,为中国微生物事业的发展贡献卓著。

1. "在兴趣中探求自己，在幸福中寻求他人"

1922 年 10 月 22 日，张树政出生在河北省束鹿县双井村。她的童年是无忧无虑的。每年有半年时间由外祖母抚养，舅父舅母和姨母也都很爱她。她的外祖母喜欢念诗，会讲很多有趣的故事，会做很多种好玩的玩具，会把芝麻上的虫子捉来养在盆子里直到变成美丽的大凤蝶，养在笼中一直活到冬天。外祖母这种享受人生的生活方式对张树政的影响很深，使她一生认为"人生在世不必自寻苦恼"。张树政曾在自传中写道："我在这两个家庭中都是最受宠爱的，虽然我没有和父母在一起，却得到更多的爱。"张树政童年时便表现出聪颖的天资，过目不忘，而且懂道理，当时家中的长辈都认为她是"状元胚子"。

直到 1931 年张树政才到北京和父母、兄妹全家团聚。未满 9 岁的张树政到北京前，已在家乡上过二年级。到北京后，她的父亲和国立北平师范大学附属第二小学的校长联系，请求在该校插班上三年级。这所小学是当时北京乃至全国著名的好学校。当时，校长认为从农村转学来此的学生通常只能降级插班，而她父亲要求校长先行测验再作决定。经过学校的严格测试，张树政顺利插班上了三年级。这在当时成了学校的一大新闻。等到比她小 15 岁的小妹进入这所学校时，老校长和老师们都称她小妹为"小张树政"。

1935 年暑期，张树政以优异的成绩被保送到国立北京女子师范学院附属女子中学，于 1941 年高中毕业。张树政对自己当时的学习经历是这样回顾的：

"在求学过程中功课都是平均发展，没有特长。先生们都劝我集中精力于某门功课不要分散精力，结果是样样都不精。其实，我虽没有集中精力，但又何尝分散精力呢？我对功课从不肯费气力，我对数学不大感兴趣，但也足能应付。国文先生我不怎么佩服，更是不肯下功夫。地理、历史等还很容易应付，我又何必成心答错了呢？其他的体育、音乐、劳作、图画也都不错。所以先生们都觉得我样样下功夫，这不是分散精力吗？惭愧得很，我简直不知道怎样用功。所以一直到大学毕业也只是考得不错，但毫无真才实学。课外活动我很喜欢，排球、篮球、垒球、网球、溜冰、划船、田径赛都爱玩，练过一个时期的钢琴，练过一个暑假的国画，读过一个暑假的古诗，也喜欢看小说，喜欢种植花草、采集标本、收集邮票、观看星座等，还喜欢摄影。我有多方面的兴趣，但一无所长。我也很会自找乐趣，初春在墙角去发现初出土的幼芽、初动的昆虫，趁着雨去划船，月下散步，雪后到景山或北海赏雪。总之，风花雪月我都很欣赏。"

临近毕业时，她在高中毕业的纪念册上写道："过去，她被人们誉为一个聪明的孩子，她轻轻易易的（地）将她宝贵的童年在嬉笑中度过了。现在，她知道了自己的愚陋与无知，她用最大的努力欲克服她的怠惰，在这奋战中她虽感到疲乏和无力，但她并不灰心。将来，她不能知，也不敢猜测。在兴趣中探求自己，在幸福中寻求他人，这便是她唯一的职责了。"

从这段"自我评价"中，可以感受到张树政自信豁达的心态，体现出她对未来人生的思考和期许，虽然在当时尚未明确兴趣方向，但从她的寄语中能够感受到她的人生观、价值观正在逐步树立。

张树政至今保存着1940年的几篇日记，从片言只字里可以一窥18岁的她在高中毕业前的生活和学习状况。整体来看，张树政的日记风格非常灵活生动、直抒胸臆，字里

行间给人一种豁达纯净的感觉，日记内容丰富多彩、画面感极强，每每翻看到这些文字，都能瞬间将记忆拉回当年的一幕幕生活场景中。

那时的张树政经常就某节课上老师提出的讨论话题，或独自思考，或在课下与同学探讨，然后在日记中将思考的过程和结论记录下来。比如，她曾在1940年1月29日的日记中思考有关"战争"的话题，她引用《孟子》"攻心为上，攻城为下"来表达对战争中攻城夺地的反对，认为"哪国能得到大家的信仰，哪国就是最后胜利者"。

> 1940年1月29日，星期一（大约是修身老师的话……张注）
>
> ……正义和公理究竟还在，他只得屈服在大众势力知心。德国正是处于这种情形。无论它的军火多么厉害、它的准备多么充实，但是它绝不能达到它统一世界的美梦。那不是军事战争而是思想上的战争，谁的主义正确光明谁就能得到最后胜利。孟子说过："攻心为上，攻城为下。攻城易守，攻心难守。"现在这种时代，城堡只是封建时代遗留的毫无用处的废物，世界正在展开着严厉的思想战。攻城夺地是无益的。所以我们不必审察什么军备武器的精良与否，只要看哪国能得到大家的信仰，哪国就是最后胜利者。

在1940年2月21日的日记中，她还记录了当天课上的话题——"损人利己"问题，并把同几个好友课下集中讨论时的发言场景——复刻在本上，每个人都表达了自己对该问题的看法，然后经过一番辩论，大家暂时达成一致，即"在物质方面，损人利己可以成立；在精神方面，这句话不能成立"。然而，从后续的日记可以看出，有关"损

△▷张树政 1940年1月29日对战争问题的反思及1月30日与朋友谈心的日记片段

生物化学家——张树政

人利己"的话题并未随着被写入日记而就此结束，她们还专门请教了修身课的老师。老师推翻了她们此前得出的结论，并告诉她们损人利己无论在物质方面还是精神方面都是不能成立的，原因在于"精神生活是我们人类独具的，我们知识阶级更应该注重精神生活。物质的享受终抵不过精神的满足。所谓暂时得到的物质方面的利益决不能称为利。有比享受更重要的东西，有比生命更重要的东西，损人的人永远得不到那些。"

1940年2月21日，星期三

……我提出了一个问题，就是关于"损人利己"的问题，讨论这句话能否成立。寰和莉说这句话根本不能成立，他（她）说损人就不能利己。一个人做了损人的事就是得到一点小利，可是他精神上也会觉到痛苦，一个人受良心责备比其他更难受。寰说："一个人如果做了损人的事，那么他的名誉定受损失，被大家称为坏人，那他不就是损人不利己了吗？所以损人利己根本不能成立。"我说："有的人没有良心、不知廉耻，可是他有高明的计划，他做出许多损人利己的事，他自己并不觉得做错，也并不受良心的谴责。旁人或许会骂他，可是他不知廉耻，他不觉得难过，他拥有财富，他生活的（地）很舒适，这是物质上的满足，可是他的精神也因了物质的满足而愉快，这能说是于他本身有害吗？如果他的手段更高一些，他虽做了损人利己的事，可是他会被大家尊敬……"坪也和我意见相同。争执了半天，结果是这样说："在物质方面，损人利己可以成立；在精神方面，这句话不能成立。"不过，大家对于这结论有些疑惑。

1940年2月23日，星期五

下午上修身课时，我们把前天的问题问赵先生。他说："损人利己这句话在普通上说来是可以成立，在物质方面更是很能成立，不过深刻说起来损人利己是不能成立的。因为在精神上来说，一个人做了损人的事，他的精神一定会极度痛苦，他的名誉也会损坏，人格要破产。"他举了沙氏乐府上的故事，一个人杀了人后因内心的痛苦而致悲痛而死。他说："精神生活是我们人类独具的，我们知识阶级更应该注重精神生活。物质的享受终抵不过精神的满足。所谓暂时得到的物质方面的利益决不能称为利。有比享受更重要的东西，有比生命更重要的东西，损人的人永远得不到那些。"

由此可以看出，张树政善于思考的本性，同时也离不开良师的引导。张树政对真知真理"打破砂锅问到底"的执着精神为她日后从事科研提供了强大的心理基础。

除了记录对特定话题的思考，她还记录了许多日常生活中难忘的片段。比如，她把与朋友们围着火炉在雪天谈心时的温馨场景详细记录在日记本上；在和好友们聊到未来和前途话题时，她也会思考在当时社会背景下女性的个人发展问题。

二日　星期五

……莉今天很不高兴，精神有点反常，因为我们谈的尽是些将来如何的问题，她似乎有些悲观。……前途没有路？！我不能相信，我不能悲观，我仍是青年，我仍要征服环境。我们不甘愿做封建的奴隶。向前干呀！决心、毅力，这是我们的武器"好吧！"我这么答应自己……

生物化学家——张树政

▷ 张树政 1940 年 2 月 2 日与好友探讨女性个人发展问题的日记片段

152　科学的印迹：日记

◁张树政记录日常生活的日记片段

此外，她还会不断从身边发生的桩桩事情中探寻自己的内心，比如在老师提到自己学习德文，由于没有做好人生计划，兜兜转转浪费了许多精力，最终导致学了四年的德文半途而废甚至已几乎全忘了这件事时，张树政在惊讶之余也暗自下决心，"将来绝不能像他才好！"在没有特别值得记录的事情时，她就简简单单随意记录下日常生活。

透过日记中记录的点点滴滴，我们可以感受到中学时期的张树政是个善于思考、豁达开朗、热爱生活的女孩，她在学习和生活中不断探求着自己的内心，在与他人的相处中感受着周围的一切事物，从而逐渐建立起自己的价值观与人生观。

2. 投身微生物生理生化："我愿做个科学家"

1941年，张树政考入燕京大学化学系。开学后不久，系主任问她为什么学化学，她答道："中国贫弱，要发展工业才能富强，我将来要到化工厂工作。"但当问她有哪个工厂乐意聘用女工作人员时，她却答不出来。于是，系主任劝她转到家政系，说这是没有男人竞争的工作。张树政没有接受劝告，反而下决心去与男性竞争。

她在自传中写道："记得在小学时作文写'我的志愿'，那时我想作（做）一个文学家，用我的著作感化全世界的人们，永远消灭战争。初中二年级时正当'七七事变'前夕，国事糟到极点，那时念了化学，很感兴趣，'科学救国'的呼声甚高，所以我又一次写我的志愿，我愿做个科学家，发明极其厉害的武器把帝国主义打倒。胜利后，姑姑和姑父到北京来，他们带领我进步，但一贯的惰性使自己没有参加革命工作，哥哥的死使我非常悲伤，消极到极点。新中国成立后，我对学习不感兴趣。从学习辩证唯物论入门，引起了对政治学习的兴趣，初步建立了阶级观点、群众观念和为人民服务的人生观。但我做得很不够。"

1945年，张树政从北京大学理学院化学系毕业，被系主任**刘思职**教授留在学校当助理（后改为助教）。1945年12月，北京各公立大学（包括北京大学）被统一编为"北平临时大学补习班"，理学院为第一分班。她在化学系任助理，担任**普通化学**及**半微量定性分析**的实验教师，并研究**有机定性试剂**。

1946年7月，北京大学在北京复校，"北平临时大学补习班"第六分班连同附属医院并入北京大学，成为北京

▷ **刘思职**（1904.3—1983.8），福建仙游人，生物化学家、免疫化学家，北京医学院生物化学教研室主任。1929年毕业于堪萨斯大学，获博士学位；1942年执教于北京大学医学院及其后的北京医学院，任教授及生物化学教研室主任；1957年当选中国科学院学部委员（院士）。主要进行蛋白质变性学说、免疫化学、蛋白质生物合成等方面的科学研究。

▷ **普通化学**是理工科各专业或化学类各专业的基础课程，主要以化学物质为主线，讲述物质的存在状态、物质的微观结构、物质化学变化的基本原理及其应用。

▷ **半微量分析**即试样质量为0.01克级的定性和定量分析，是较常用的化学分析方法，是一种试样少、试剂省、反应灵敏、操作迅速的化学分析方法，是介于常量分析与微量分析之间的分析方法，兼有常量分析和微量分析的优点。

▷ **有机试剂**主要用于化学元素的定性或定量测定以及用于分离、富集和隐蔽有机化合物。

大学医学院，刘思职调到医学院任药学系主任。刘思职告诉张树政和她的几个女同学："燕京协和复校了，你们最好报考协和护校，这是唯一不受男人竞争的职业。"这是她第二次听到这样的忠告。不过，最终她们还是被刘思职接纳，担任北京大学医学院生化科技助理，负责定性分析及有机化学实验和生物化学实验。张树政作为北京大学医学院的助教，在生化科工作。1948年被调到理学院化学系，担任**钱思亮**定性分析课的助教。在这里，她也做过一些研究工作，包括"食物中含铁量的测定""大豆发芽时氮的分配"等。1949年暑假，张树政离开北京大学。

1950年年初，失业在家的张树政经大学同学沈时全（时任重工业部第一副部长何长工的秘书）介绍，到重工业部综合工业试验所（后更名为化工研究所）酿造室及**合成树脂**室任技师，张树政说："我参加工作的动机很简单，我只是觉得我应该工作。"张树政的科研生涯从此开始。

> 1954年1月18日（星期一）
> 上午到重工业部人事部转关系，到科学院报到。下午到西郊公园（北京动物园旧称）菌种保藏委员会报到，就算是正式调到科学院来了。方（心芳）先生谈到工作学科方面，这是新的工作的开始。19日未上班，去所里搬家。20日（周三）正式上班，听报告"第一个五年计划基本任务"。

进入中国科学院菌种保藏委员会（简称"菌保会"）后的一年中，她在**方心芳**的指导和菌保会老同事的帮助下学习有关工业微生物的知识，从事过酵母菌、根霉菌、毛霉菌、青霉菌和曲霉菌的鉴定工作。据菌保会的档案，1954年菌保会的研究课题中列有"菌种分类的研究"，其

▷ **钱思亮**（1908.1—1983.9），字惠畴，浙江杭县（今杭州市）人，化学家，教育家。1921年考入天津南开中学，1927年考入清华大学化学系，1931年赴美国伊利诺伊大学化学系学习，先后获得理学硕士、哲学博士学位。1934年博士毕业后回国，先后任北京大学化学系教授、长沙临时大学工学院化工学系教授、西南联合大学化学系教授、上海化学药物研究所研究员、北京大学化学系教授兼化学系主任。台湾大学校长。长期在大学执教并担任教学行政工作，对北京大学化学系的发展尤其对台湾地区高等教育制度产生了重要影响。

▷ **合成树脂**是人工合成的一类高分子量聚合物，兼备或超过天然树脂固有特性的一种树脂。最重要的应用是制造塑料。为便于加工和改善性能，常添加助剂，有时也直接用于加工成形，故常是塑料的同义语。合成树脂还是制造合成纤维、涂料、胶黏剂、绝缘材料等的基础原料。

▷ **方心芳**（1907.3—1992.3）：中国微生物学家，中国科学院院士，我国现代工业微生物学开拓者，应用现代微生物学的理论和方法研究传统发酵产品的先驱者之一。他研究过酵母菌和其他几种真菌或细菌，将中国的传统发酵工业现代化；研究过酿酒、酿醋、豆瓣酱、腐乳、泡菜等问题，为总结和发扬我国应用微生物学的卓越技术作出了贡献。

生物化学家——张树政

实际任务主要是鉴定工业上应用的微生物，目的在于"认识重要的工业微生物各属中的典型菌类，训练有关分类人才，并把工厂用菌的特性加以测验"（据方心芳手稿），当时共有5人从事此项工作。1954年年初即进入菌保会的张树政自然要补充微生物学基础，因此，方心芳让她承担这方面的课题，在工作中逐步提高。

1955年，经过一年的微生物学训练后，方心芳决定发挥张树政的化学专长，开始研究工业微生物的生理生化。1958年年底，中国科学院所属的北京微生物研究室与应用真菌研究所合并成立微生物研究所。微生物研究所成立之初，张树政在新所生理生化研究室的主要研究任务是甘油发酵。自此，张树政开始专攻微生物生理生化研究。

张树政在良好的家教和传统的儒家道统熏陶下，相对顺利地完成了大学学业。走上工作岗位不久，她便迎来了新中国的诞生，崭新的时代、少有的科研环境和亲炙诸多大师级导师，使她聪颖的天资和锲而不舍的钻研精神得到释放。她那到老依旧乐观天真的性格、随遇而安的处世作风，更是让她在几十年曲折的历史进程中感染着周围的人。

在几十年的科研生活中，张树政硕果累累，在微生物酶学领域，既有理论上的创新，又为中国微生物酶制剂产业的建立和发展作出了杰出贡献，在国内外享有崇高声望；她在白地霉糖代谢、红曲霉糖化酶结构与功能、糖苷酶和耐热酶等的研究中均有新的发现，居当时国际先进水平；由她开创并由其学生继续完成的黑曲霉糖化酶的应用取得重大经济效益。1991年，张树政当选中国科学院生物学部委员（院士）。她以自己突出的成绩，成为中国第一位获得这项终身荣誉的女性生物化学家。